UM POR TODOS, TODOS POR UM

Aids:
um convite à
responsabilidade
social

CB135714

SYLVIA DE FRANÇA G. DOS REIS

UM POR TODOS, TODOS POR UM

Aids: um convite à responsabilidade social

Posfácio
Olhos que brilham
por Valéria Piassa Polizzi

Sá editora

© 2001 de by
Sylvia de França G. dos Reis

Capa e Ilustração:
Michele Iacocca

Preparação de texto:
Marcia Menin

Diagramação:
Telma Maria dos Santos

Fotolitos:
GraphBox Caran

Impressão:
Lis Gráfica e Editora Ltda.

Catalogação na Fonte
do Departamento Nacional do Livro

R375u

Reis, Sylvia de França G. dos.
Um por todos, todos por um - Aids: um convite à responsabildade social / Sylvia de França G. dos Reis. — São Paulo: Sá, 2001.
104p.; 14X21 cm.

ISBN 85-88193-04-3

1. AIDS (Doença). 2. AIDS (Doença) - Aspectos Sociais. 3. AIDS (Doença) - Aspectos Psicológicos. I. Título.

CDD-616.978

Todos os direitos reservados
à Milfolhas Produção Editorial Ltda.

SÁ EDITORA
Rua Palacete das Águias, 310
04635-021 – São Paulo - SP
saeditora@uol.com.br

Para Esio
prova de que só o amor gera segurança.
Para Bruno e Juju,
para que, chegada a hora, voem do nosso
ninho, livres, porém seguros.

SUMÁRIO

CAPÍTULO 1

ÉTICA E AIDS: UMA REDISTRIBUIÇÃO DE RESPONSABILIDADES*

Não há perda mais desnorteante do que a do homem que se perdeu a si mesmo. Momento de grande desorganização mental, a hora do diagnóstico anunciado faz emergir no paciente uma vivência assustadora, que o inunda da mais intensa angústia, bloqueando de forma maciça sua capacidade de pensar. Por mais esclarecido que possa ser o paciente em questão, nesses primeiros momentos, saber-se portador do HIV equivale, em seu imaginário, a ter Aids. Todo o seu espaço mental é dominado por essa vivência de catástrofe, como a de quem recebeu uma sentença de morte a curto e doloroso prazo. Nesse momento, uma parte do mundo mental do indivíduo realmente *adoece gravemente*, e *morre*.

Sendo esse o enfoque que venho adotando como eixo do meu trabalho, muito me chamou a atenção quando, convidada a falar a respeito de Aids num congresso sobre "Ética, Cidadania e Solidariedade", me vi incluída numa mesa que abordaria questões sobre pacientes terminais ou gravemente enfermos. De início isso me causou certo impacto, pois em nenhum momento desejei falar sobre os aspectos emocionais do paciente gravemente debilitado do ponto de vista or-

---

* Palestra proferida no I Congresso sobre "Ética, Cidadania e Solidariedade", organizado pela Dra. Amélia Vasconcellos, presidente da FLAPIA e do IPPIA.

gânico, por vezes já internado numa UTI. Porém compreendi, nessa inclusão, mero reflexo do construto social em torno da questão Aids. A partir daí, aquela conferência passou a ter para mim um sabor de desafio; e resolvi falar, sim, do paciente soropositivo *gravemente enfermo*, mas não daquele que se encontra fisicamente combalido; optei por abordar outra forma de gravidade que atinge a todos que se vêem recém-diagnosticados: a do paciente que se sente terminal do ponto de vista moral e de suas virtudes. No trabalho psicanalítico com pacientes portadores do HIV, essa é, talvez, a situação que me causa maior impacto do ponto de vista dos meus sentimentos como terapeuta.

Nas culturas orientais, a morte é parte integrante da vida: processo evolutivo desta, chega a ser seu coroamento. Assim sendo, a morte desfruta de outra inserção no contexto social: o próprio paciente, que falece de velhice ou de outra causa externa, co-participa desse processo juntamente com seus familiares e com os membros de sua comunidade. Dessa forma, a morte se transforma em *experiência de vida* para todos.

Na nossa sociedade, um doente terminal costuma ser isolado de sua família. Recolhido ao hospital, identifica-se por inteiro com a doença. Retirado do convívio familiar, seus parentes também ficam poupados do convívio com a dura realidade da doença.

A cultura ocidental é a *cultura do espetáculo*, onde o "ter" sempre predomina sobre qualquer experiência do "ser". Ter saúde é tão indispensável quanto ter sucesso, ter bens de consumo, ter beleza, enfim, ter espaço no espetáculo da vida. A doença, e, acima de tudo, a morte, representa a falência desse grande *show*. Ponto máximo do insucesso, a morte é um dado a ser negado. A medicina, com seus avanços tecnológicos e científicos, fez com que médicos e pacientes acreditassem que a morte havia sido *decifrada* e, de certa forma, superada. Conforme bem disse Herbert Daniel, "afastando a morte, como se fosse uma doença curável, a medicina elegeu o corpo como sede da eternidade".[1]

Mas eis que surge, no final do milênio, um microscópico vírus que põe em pânico a humanidade e que nos relembra que a morte é absolutamente inevitável. Como disse Herbert de Souza, "a Aids não é mortal; mortais somos todos nós".[2] Dessa forma, pacientes e médicos tiveram de rever seus limites e lidar com suas fantasias de onipotência.

Desde os primórdios, a cultura associou o HIV à morte. E mais ainda à morte indigna, cruel, lenta e sofrida, como forma de *castigo* por desvios de comportamento não aceitos pela suposta *moral das boas condutas*.

Desejar o proibido faz parte intrínseca de todo ser humano. Adão desejou o proibido,[3] incentivado por sua companheira (que o incentivou porque também o desejava). Édipo Rei[4] também desejou e se apoderou do proibido. A tragédia de Sófocles perdura há quase 2.500 anos, fato que se deve basicamente a duas razões: a primeira, obviamente, tem a ver com o brilhantismo poético do referido texto; a segunda se deve ao fato de ter sido abordado, nessa obra, um tema universal e atemporal – *o desejo do proibido*. Tanto Adão quanto Édipo foram severamente punidos. Adão perdeu o paraíso; já em Édipo Rei observamos a manifestação da culpa através da violenta autopunição a que se submeteu o protagonista do mito.

---

1 Daniel, H.; Parker, R. *Aids. A terceira epidemia*, Iglu, 1991.

2 Souza, H. *A cura da Aids / The cure of Aids*. Relume-Dumará, 1994.

3 Gênesis 3.

4 Sófocles. *A trilogia tebana. Édipo Rei, Édipo em Colono e Antígona*, Jorge Zahar, 1990, 2ª ed.

Não há quem possa dizer que nunca teve fantasias e desejos não reveláveis. Algumas pessoas renunciam à tentativa de busca desses prazeres; porém atuar alguns desses desejos, de forma escondida, *debaixo do pano*, é comportamento extremamente comum no nosso meio. Além do mais, na "sociedade do espetáculo",[5] o que conta é o que é visto como um *show*. O HIV surge denunciando esses dois mundos[6] – o da vida pública (da rua, dos bares...) e o da vida privada (do lar, da família) – e, dessa forma, acaba por expor aquelas pessoas que transgrediram os limites vigentes, que os demais se esforçaram para não ultrapassar ou, pelo menos, para esconder que ultrapassaram.

Quanto a esse ponto, gostaria de ir um pouco mais longe. É lógico que há uma boa parcela da sociedade que assume a renúncia necessária para um desenvolvimento moral. Mas nem aqueles que se enquadram com razoável conforto dentro das normas vigentes poderiam, a meu ver, se sentir isentos de responsabilidade desse contexto sociocultural no qual se enquadra toda a problemática da Aids. No fundo, somos todos responsáveis por um endosso passivo dessa sociedade permissiva, a qual, por todos os lados, envia mensagens que podem induzir os mais suscetíveis a situações de risco para a contaminação pelo vírus HIV.

Por todos os cantos da cidade existem *out-doors* onde modelos com corpos esculturais, porém maquiadas com *fascies* de drogadição, promovem marcas famosas de roupas boas e bonitas, sem dúvida, mas tão caras quanto o valor de suas etiquetas. Volto a lembrar, é a "sociedade do espetáculo".

5 Débord, G. *A sociedade do espetáculo*, Contraponto, 1997.

6 Parker, R. *A construção da solidariedade: Aids, sexualidade e política no Brasil*, Relume-Dumará/ ABIA/IMS, 1994.

Na programação da televisão, o que não falta são novelas e programas humorísticos, aos quais assistimos passivamente na companhia de nossos filhos e com os quais até nos divertimos e rimos em família. Ocorre que, muitas vezes, esses programas exibem caricaturas de comportamentos e de situações de risco para a disseminação da Aids.

Tais programas existem porque nós garantimos sua audiência. A mídia desenvolve sua propaganda baseada em vasta pesquisa de mercado, bem como em estudos psicológicos do funcionamento mental do ser humano (potencial consumidor dos produtos que divulga). Portanto, sabe muito bem da ambivalência universal entre desejos proibidos e comportamento socialmente aceito e é apostando na força peremptória do desejo proibido que baseia seu ambiente de propaganda.

Se todos participamos e endossamos essa situação, até lhe garantimos audiência, a quem de nós cabe a possibilidade de segregar alguém só porque chegou mais perto de determinado comportamento ou de determinada situação de risco? Mesmo porque *situação de risco* não tem nada a ver com *certo ou errado, proibido ou permitido*. Trata-se apenas do *risco* de se contaminar com o HIV: "risco" no sentido de probabilidade. Uma relação sexual sem prevenção, portanto sem camisinha, é uma situação de risco, porque implica a probabilidade de contaminação pelo HIV, independentemente de ser uma relação aceita ou não pelo discurso oficial da sociedade.

Parece-me que a sociedade como um todo deveria repensar sua dose de responsabilidade nesses fatos. Mas o que ocorre de modo geral é que, quando um indivíduo se apresenta com o HIV, ele acaba sendo execrado pela sociedade, que se mostra implacável na punição imposta àqueles que deixaram visível que ultrapassaram seus limites. A sociedade sente-se pega de "calças-curtas" quando alguns de seus representantes se apresenta com o HIV; essa contaminação evidencia seu *mau comportamento*; para compensar, tende a instalar o *moralismo*, que é uma "tendência a priorizar, de modo *exagerado*, a consideração dos aspectos morais na apreciação dos atos humanos".[7] Quando isso acontece, instaura a *caça às bruxas*. O castigo imposto é a segregação e o preconceito; assim, o HIV se torna um divisor de águas. O primeiro cognome dado a essa síndrome define bem esse processo: *peste gay*. Repito: "peste"! Algo execrável que os "bons" não podem admitir. Pelo menos à luz do dia...

Por tudo isso, quando um indivíduo, membro dessa sociedade, se vê com o diagnóstico "reagente" em mãos, seu mundo mental pára e desaba sobre si mesmo. No caso do Elisa e do Western Blot, "reagente" para o HIV adquire o significado de *sentença de morte moral*. O que desaba, antes de mais nada, é a imagem idealizada que o indivíduo tem de si mesmo: por questões do seu narcisismo, ele passou a vida tentando ser (e acreditando-se) *superstar* dessa sociedade do espetáculo. Processo desnorteante porque, geralmente, as pessoas não abdicam com facilidade dessa posição narcísica.[8] Aliás, mecanismo também universal, geralmente se fazem necessários longos anos de análise para que o indivíduo abdique dessa busca da perfeição.

Voltando ao nosso paciente recém-diagnosticado, ele pensava que sabia quem era até então: um elemento do elenco da "sociedade do espetáculo". Porém, a partir de agora, ele terá de se ver, quer queira, quer não, com seus limites e fra-

---

7 *Dicionário Aurélio Eletrônico – Século XXI*, versão 3.0, novembro de 1999.

8 Sanches, R. M. *"Escolhi a vida": desafios da Aids mental*, Olho d'Água, 1997.

quezas, com a verdade de seus desejos e dos limites da sua renúncia. Só que antes dessa percepção há um longo meio caminho a ser percorrido e o indivíduo se sente desnorteado. Perdeu-se a si mesmo.

Quando consegue um mínimo de recursos para começar a refletir, olha para dentro de si mesmo e... o que vê? Apenas um vazio e uma escuridão. Um vazio principalmente com relação às suas virtudes.

Sempre que me refiro a "virtude", falo de uma força interna que age, ou que pode agir. A virtude de um homem é querer agir humanamente; e agir com humanidade é agir bem. Aristóteles define "virtude" como uma predisposição para fazer o bem. Montaigne vai mais além, afirmando que "não há nada mais belo e mais digno do que o homem agir bem, e devidamente... É a própria virtude".[9] O paciente sente que perdeu tudo isso; é como se o vírus tivesse outro poder além do de destruir o sistema imunológico orgânico: o de minar a capacidade que seu portador tem de se reconhecer como uma pessoa virtuosa, pelo menos na mesma medida em que se reconhecia antes da explicitação do diagnóstico. Ele não se sentia sem virtudes, mesmo quando adotava condutas que sabia estarem fora do rol dos *bons e virtuosos costumes* ditados pela sociedade. Não se sentia sem virtudes porque era homo ou bissexual, ou porque usava seringas compartilhadas, independentemente da opinião declarada pela sociedade em seu discurso oficial. Ao contrário, muitas vezes sentia-se até *estrela graduada do espetáculo*. O que se observa é que a sensação de ausência de virtudes surge com o HIV declarado. Ao ler-se assim, o paciente se torna, ao mesmo tempo, objeto e sujeito

---

9 Compte-Sponville, A. *Pequeno tratado das grandes virtudes*, Martins Fontes, 1996.

do preconceito que o segrega. O paciente se ataca dessa forma devido à culpa[10] que invade seu mundo mental.

A partir do momento em que uma réstia de luz começa a entrar dentro do mundo mental desse indivíduo, ele começa a poder enxergar um pouco melhor o que restou lá dentro. Em vez do vazio, passa a ver um amontoado de "cacos". Já é um começo. *Cacos para um vitral*[11], como diria Adélia Prado.

É primordial que o paciente se dê conta disso. Na realidade, o único dado novo na vida do paciente é o *conhecimento* que ele passou a ter da presença do HIV em seu sangue. Sequer a *presença* do vírus representa uma novidade. Uma vez que, provavelmente, essa contaminação já ocorreu há algum tempo, é fundamental que o paciente perceba a leitura que ele fazia de si próprio até as vésperas de se saber soropositivo. As auto-recriminações que costumam surgir nesse momento não o ajudam em nada. Ao contrário, se esse tipo de pensamento começa a se manifestar muito intensamente, pode até adquirir um caráter obsessivo – e, dessa forma, defensivo. Na medida em que esse tipo de recriminação inunda o mundo mental do paciente, este acaba ficando poupado de ter de se ver com sua nova realidade. O que se segue, porém, é a instalação de quadro psiconeurótico: para que o soropositivo não entre em depressão, ele *precisa* elaborar toda essa situação.

Ajudá-lo a voltar a se reconhecer como alguém dotado de *virtudes* não significa absolutamente entrar no mérito das escolhas que ele fez no passado. Esse tipo de ajuda também não vai ser um impeditivo para que ele venha a fazer uma reavaliação de sua vida, caso assim o deseje. Essa abordagem tem por

10 Sanches, R. M. "*Escolhi a vida*": *desafios da Aids mental*, Olho d'Água, 1997.
11 Prado, A. *Cacos para um vitral*, Siciliano, 1991, 4ª ed.

objetivo, primeiro, recolocar as coisas no seu devido lugar; afinal, se de fato o paciente fazia uma leitura positiva da sua própria história, até antes de ter aberto o exame de laboratório, não há motivo para deixar de fazê-lo só porque adquiriu um vírus, mesmo que se trate de um vírus sexualmente transmissível. Esse tipo de pensamento não ocorre quando as pessoas adquirem outras DSTs (doenças sexualmente transmissíveis).

Quando o paciente realmente parte para uma reflexão mais profunda a respeito de suas opções, é porque, no fundo, não estava exatamente satisfeito. Para esse tipo de reflexão se tornar produtiva, faz-se necessário superar aquele enfoque de caráter obsessivo, de auto-recriminação.

Segundo o que tenho observado, o processo terapêutico com o paciente soropositivo apresenta dois momentos bastante distintos. No primeiro, que poderia ser chamado de "UTI" mental e moral, o terapeuta tem de ser polivalente, como um bombeiro que apaga um incêndio, que atende e encoraja os feridos, aparta com respeito os que morreram, encaminha os sobreviventes para locais mais seguros enquanto aguarda a logística definir os passos do resgate. Às vezes o paciente está atravessando esse momento sozinho; às vezes tem a sorte de estar, desde o início, amparado pela família ou por um companheiro, acompanhantes estes que também se encontram imersos nesse incêndio. O objetivo terapêutico dessa fase é tentar garantir a sobrevivência mental dos envolvidos na questão. Alcançando essa meta, o terapeuta terá preparado o solo para começar a semeadura da segunda fase terapêutica: a da construção do vitral, a partir daqueles *cacos*...

O primeiro momento sempre é muito tenso e intenso. Para a compreensão desses pacientes, sempre tenho usado, como eixo central do meu trabalho, minha formação psicanalítica. Mas, em termos de técnica e de enquadre, acredito que se faz necessário um amplo *jogo de cintura*. Contatos com a família, sessões extras, contatos telefônicos, às vezes com outros profissionais de saúde que também estejam cuidando do paciente, podem ser fundamentais para um sólido e profícuo vínculo terapêutico. A meu ver, as sessões são no consultório, sempre que possível; mas nem sempre isso é viável. Ao atravessar de *mãos dadas* com o paciente essa fase da tormenta, este sente que o terapeuta se importa com ele, sintoniza com seu sofrimento, ouve seu clamor. O terapeuta é sentido como um ombro amigo, na medida em que oferece uma *escuta amiga*. Por ser profissional, essa escuta possibilita ao paciente re-significar sua tragédia e transformar aquilo que até então era só escuridão em uma possibilidade. Por enquanto, o paciente não vê nada além de *cacos esparramados*, mas já consegue fragilmente acreditar que possam existir mãos habilidosas, capazes de ajudá-lo a juntar esses cacos. Como eixo teórico para esse *jogo de cintura*, tenho recorrido aos ensinamentos dos terapeutas sistêmicos.

A imagem que me vem é a dos artistas, arqueólogos, voluntários e cientistas trabalhando pacientemente, incessantemente na reconstrução de uma catedral, como a de Assis, que desabou após um terremoto; tal qual a abertura de um envelope de laboratório, o terremoto durou apenas alguns momentos, mas estes já foram suficientes para impor uma vasta destruição. Quando vemos as primeiras imagens na televisão, sentimos a dor de uma parte da história irremediavelmente perdida; e a pena de que não pudemos ter a oportunidade de ver, ou de rever, aquela obra de arte. Conforme os especialistas vão se organizando, aos poucos vamos começando a acreditar que exista alguma chance de reconstrução ante o drama ocorrido; percebemos que nem tudo está irremediavelmente perdido.

Retomo aqui a metáfora dos *cacos para o vitral.* O que venho observando, nestes mais de catorze anos de atendimento psicanalítico a esses pacientes, é que, após um longo, árduo e sofrido trabalho de *reconstrução* emocional, o que aflora é uma pessoa muito mais criativa, muito mais *virtuosa*, reflexiva e solidária do que ela era antes de toda essa tormenta. Disse Cazuza: "Saí da doença com o corpo fraco e com a cabeça forte".[12]

Não há dúvidas de que o maior problema que nós, profissionais da saúde psíquica *sensu latu*, temos de enfrentar juntamente com nossos pacientes soropositivos é o do preconceito, que surge como conseqüência de toda essa dinâmica do explícito e do não-explícito da sociedade. Rubem Alves analisa isso com delicadeza poética:

"A Aids faz as pessoas falarem em sussurros – como se estivessem diante do terrível vergonhoso. Por longos e divergentes que sejam os seus caminhos, todos conhecem a filiação: nasceu de dois amantes abraçados num abraço de amor proibido. Lugar de segredo, deveria ter permanecido fechado, como um quarto proibido. Todos temos um quarto secreto, onde ninguém deve entrar: mora ali a nossa intimidade mais profunda, que nenhum olhar deve contemplar. Por isso nos cobrimos de roupas, para proteger a nossa nudez dos olhos cruéis dos estranhos. Mas a doença arromba a porta, e transforma a intimidade numa sala de museu, aberta à visitação pública.

---

12 Araújo, L. *Cazuza – Só as mães são felizes*, Globo, 1997, 3ª ed.

E quando isto acontece, aquilo que foi vivido como paixão, se transforma em pornografia. A pornografia não está no abraço, mas nos muitos olhos que o contemplam, como espetáculo. A Aids tem assim duas dores: a dor da enfermidade, e a dor dos olhos dos outros".[13]

E, para finalizar, recorro ainda a Rubem Alves:

"Quem sabe haverá poetas que saberão dizer aos doentes de Aids as palavras que os arrancarão dos túmulos onde os nossos olhos os colocaram".[14]

---

13 Alves, R. *O retorno e... terno*, Papirus, 1997, 12ª ed.
14 Ibid.

CAPÍTULO 2

QUANDO A AIDS CHEGOU PERTO DA FAMÍLIA...

A singularidade de cada um deve ser, talvez, um dos aspectos mais fascinantes do trabalho daqueles que cuidam do ser humano, principalmente quando este é enfocado em suas características mais profundas. Definitivamente não existem dois seres humanos iguais. As diferenças que notamos em sua vida psíquica dão-nos base sólida para essa afirmação.

Por uma questão didática, faz-se necessário, logicamente, tentar agrupar semelhanças para que os iniciantes dos vários estudos relacionados à *arte* de *ser* humano possam se localizar nos primeiros passos de sua vida profissional: é por isso que sempre surgem tantas tentativas de classificação.

A psicologia estabelece, por exemplo, divisões segundo características de personalidade (histérica, obsessiva, etc.). Outras ciências, outras classificações: sociais, econômicas, genéticas... Mas, quando a experiência clínica vai se acumulando, esses agrupamentos, que no início eram-nos *indispensáveis*, passam a ser discretos norteadores do raciocínio clínico.

Cada pessoa tem sua forma, pessoal e única, de interagir com o mundo afetivo à sua volta. Como dizia Minuchin, "o homem não é um ser isolado. Ele é um membro ativo e reativo de grupos sociais. O que ele experiencia como real depende de componentes tanto internos como externos. (...) A experiência do homem é determinada por sua interação com o seu ambiente".[1] Assim

---

1 Minuchin, S. *Famílias: funcionamento e tratamento*, Artes Médicas, 1990.

sendo, tentar conhecer aquele que se nos apresenta como nosso paciente significa levar em conta – e respeitar –, acima de qualquer outro dado, sua singularidade.

Não existem dois pacientes sequer semelhantes. Não existem dois terapeutas sequer semelhantes. Portanto, cada dupla *terapeuta-paciente*, ou *médico-paciente*, é única e irreproduzível. Assim por diante, cada dupla *professor-aluno*, *chefe-funcionário*...

Quem trabalha com o ser humano, principalmente se o faz abordando seus aspectos mais íntimos e profundos, certamente nunca sabe como será seu dia de trabalho. Não há fórmulas para compreendê-lo nem para educá-lo, formá-lo ou torná-lo feliz. Nunca haverá. É uma pena; o recurso mais seguro que nos resta para abordá-lo, portanto, para além do necessário conhecimento científico, sempre será o da sensibilidade e do *bom senso*.

Se não há dois indivíduos iguais nem duas duplas terapêuticas iguais, obviamente também inexistem duas famílias iguais. Essa análise se torna muito mais complexa quando nosso enfoque se volta para a família.

O vínculo afetivo que une cada filho a seu pai ou mãe, e vice-versa, também é único e irreplicável. Cada filho, na sua singularidade, se inscreve de forma completamente única no mundo mental dos pais, totalmente diferente da de seus irmãos. O narcisismo infantil sempre faz com que as crianças gastem boa parte de sua infância (e às vezes toda a sua vida) tentando descobrir de qual dos filhos o pai ou a mãe gosta mais. Com freqüência (especialmente antes dos 7 anos de idade), chegam a perguntar claramente: "Mãe, de quem você gosta mais, de mim ou do Joãozinho?". A grande e clássica mentira que todas as mães dizem a seus filhos é: "Mãe sempre gosta *igual* de todos os filhos...".

Certamente a grande maioria das mães pode até dedicar um amor infinito a cada um de seus filhos. Amor não é quantificável, mas amor de mãe quase sempre é infinito. Mas não é igual. Porque os filhos não são iguais. Porque as duplas *mãe-filho* são irreplicáveis. Mas isso não é um problema. Aliás, aí reside a beleza dos vínculos de amor: eles são exclusivos.

Não adianta (nem se deve) explicar toda essa dinâmica ao Joãozinho ou à sua irmãzinha. Aliás, muitas mães só a compreenderão após muitos anos de análise. A culpa não lhes permitiria, nem por um minuto sequer, pensar que não amam todos os seus filhos de forma *igual*; porque a culpa as faria perceber e avaliar apenas as dificuldades do vínculo. Mas só depois que puderem compreender essa dinâmica é que poderão desfrutar da beleza que reside na singularidade da relação de amor dedicada a cada filho; e, para isso, precisarão entender como cada filho se inscreve no seu universo afetivo.

Às vezes a vida não segue o *script* que foi traçado pelas mães quando seus bebês nasceram. No *script* das mães, filho não fica doente, muito menos de doença grave. Não sofre. Não morre. Ao conceberem *scripts* dessa forma, as mães também não estão preparadas para os possíveis reveses da vida.

"Aids" com certeza não está na suposição de futuro que qualquer pai ou mãe imagina para seus filhos. Quando a Aids chega arrombando uma família, instala-se o caos dentro do sistema familiar, muito semelhante àquele que se instalou no mundo mental do próprio paciente.

Desde que comecei a trabalhar com o atendimento a pacientes soropositivos, nem uma única vez deixei de ouvir de suas mães (e tantas vezes de seus pais): "Por que não aconteceu comigo?".

Quando um homem e uma mulher *escolhem* ter filhos, o fazem por várias razões. Digo "*escolher*" porque, hoje em dia, tantos são os recursos para não tê-los que, mesmo quando uma gravidez chega *de surpresa*, seria muita ingenuidade desconsiderar o desejo inconsciente de ter gerado aquele filho, reduzindo-a a um mero *acidente*. No máximo o *desejo consciente* pode ter sido pego de surpresa, ao menos na maioria das vezes.

Quando escolhemos ter filhos, antes de mais nada o fazemos por uma questão de realização pessoal. O primeiro desejo que surge é o de se tornar mãe, ou de se tornar pai. Dessa forma, esse desejo não deixa de representar uma perspectiva egocêntrica de realização. Afinal de contas, ninguém gera um filho porque está preocupado com a densidade demográfica de seu país. Sempre existe a perspectiva de que, tendo filhos, nós poderemos ser *nós mesmos*, mais plenamente.

Ter filhos é o jeito de eternizar o nome da família, é um jeito de eternizar antepassados amados; é ter uma seqüência que transcende nosso limite mais radical: ter filhos, do ponto de vista inconsciente, é uma atitude do ser humano que tem, por objetivo, enganar a morte, como fim absoluto. É a possibilidade de se ver espelhado naquela nova vida que se inicia; é um exercício de amor, também uma tentativa de corrigir o passado. *Escolher* ter um filho é a associação mais visceral de fé na vida. Especialmente pelo fato de que, quando *escolhemos* ter um filho, não podemos escolher qual filho iremos ter nem que futuro ele terá. Quem escolhe ter um filho se atira no escuro na empreitada mais arrojada da vida.

Hoje em dia, a engenharia genética anda nos acenando com promessas de que um dia isso será possível. Não sei se consigo crer na existência desse dia; se ele chegar, certamente boa parte da beleza da espera do filho ficará perdida. Porque ter um filho *na barriga* é ter um *sonho no coração* – e uma incógnita para o futuro. Mas incógnita de mãe é sempre uma incógnita bonita. Seu filho com certeza nascerá com um *script* de vida que o conduzirá para um único lugar: o da felicidade.

Só quem crê muito na vida pode escolher ter um filho. É preciso acreditar que a vida vale a pena, é preciso também boa dose de autoconfiança de que a vida que seremos capazes de oferecer aos nossos filhos valerá a pena. A mulher que se vê fecundada, gerando uma vida, que por enquanto é apenas um projeto, um sonho, se vê inundada pelo desejo de amar e de prover. Escolher ter um filho expõe uma expectativa de nos realizarmos; só que essa perspectiva de nos realizarmos passa necessariamente pela realização dos nossos filhos. Para podermos ser felizes, como *pais* ou *mães*, dependemos de que eles possam ter encontrado a felicidade na vida.

Voltemo-nos um pouco para a Grécia Antiga e relembremo-nos do mito de Teseu.[2] Filho de Egeu, rei de Atenas, desde criança granjeava, para si, fama igual à de Hércules: sonhava ser grande e forte – um verdadeiro herói –, capaz de eliminar os mais ferozes monstros que aterrorizavam sua cidade. Filho do rei, Teseu foi mesmo treinado para ser extremamente valente e de fato o foi. Pouco antes de ele nascer, Egeu precisou ausentar-se. Antes de partir deixou sua espada e seus sapatos debaixo de uma enorme pedra, de presente para seu filho. Em seguida, disse à sua mulher: "Se os deuses de fato nos derem este filho, não lhe diga o nome do pai até que ele seja suficientemente forte para fazer mover esta pedra; então deixe-o procurar-me em Atenas, levando a espada e os sapatos como testemunhos" de seu feito.[3]

---

2 Bulfinch, T. *Mitologia Geral: a idade da fábula*, Itatiaia, 1962.
3 Moncrieff, A. R. H. *Mitologia Clássica: guia ilustrado*, Estampa, 1997, 2ª ed.

Na época certa, Teseu cumpriu sua missão (projetada pelo pai) com grande facilidade e, depois, foi ao encontro dele. Só assim Teseu começou a usufruir do amor paterno.

Em Atenas, toda a sua mocidade foi marcada por grandes aventuras e grandes feitos. Já adulto, resolveu enfrentar um grande desafio. Os atenienses sofriam muito porque tinham de pagar um pesado tributo a Minos, rei de Creta: todos os anos eram obrigados a entregar sete rapazes e sete donzelas, escolhidos ao acaso por meio de um sorteio, para serem devorados pelo Minotauro, um terrível monstro com corpo de homem e cabeça de touro. De tão feroz, esse monstro ficava guardado num engenhoso labirinto, construído por Dédalo, do qual ninguém conseguia jamais escapar, caso caísse lá dentro. O que acabava por acontecer é que aqueles catorze jovens caminhavam sem rumo pelas circunvoluções do labirinto, até serem impiedosamente devorados pelo Minotauro.

Inconformado com o triste destino que, a cada ano, atingia os atenienses, Teseu resolveu apresentar-se como voluntário. Acreditava que seria capaz de derrotar o terrível monstro. Seu pai, já avançado em idade, ficou desesperado; mas, por mais que tentasse, não conseguiu demover o filho de seus planos. Assim sendo, Teseu e seus outros treze desafortunados companheiros partiram rumo à ilha de Creta. A nau que fazia essa viagem sempre partia exibindo velas negras, sinalizando que aquela era a embarcação que cumpria o nefasto tributo.

Lá chegando, os jovens, como de costume, foram apresentados ao rei Minos. Só que, dessa vez, sua filha Ariadne se apaixonou perdidamente por um deles: exatamente por Teseu, que, por sua vez, também se encantou com sua beleza.

Movida pela força criativa do amor, Ariadne arquitetou uma idéia: para tentar salvar seu amado da morte, presenteou-o com um novelo de lã e com uma espada. O novelo deveria ser desenrolado desde a entrada do labirinto; para reencontrar a saída, seria preciso apenas refazer a bola de lã; a espada o ajudaria a pôr um fim naquele terrível monstro.

Teseu acabou sendo muito bem-sucedido em sua empreitada: utilizando a espada com força e habilidade, conseguiu destruir o monstro; e, refazendo o novelo de lã, reencontrou a saída, salvando a si próprio e a todos. Depois dessa vitória, Teseu passou a acreditar mesmo que era um herói. A partir desse momento, ninguém mais seguraria aquele rapaz.

Escolher ter filhos implica escolher tê-los para o mundo – para a vida deles – e não para nós próprios. Filho é *nosso* só por empréstimo, durante alguns poucos anos da nossa vida. O filho tem de alçar vôo próprio e assumir seus próprios riscos. Deve ter suas próprias asas. Às vezes encontra a felicidade, aquela do *script* inicial de seus pais; às vezes não. Naquele *script*, é claro, havia também planos de *sucesso* para o filho; pelo menos esse é o desejo de pais de bom senso. Mas os jovens com freqüência desejam a glória, o sucesso extremo, ser melhor do que todos – ser um verdadeiro herói.

Invariavelmente, na qualidade de pais, passamos mensagens ambivalentes para nossos filhos. Os pais têm, eles próprios, seu ideal narcísico de onipotência. Como, obviamente, não deram conta dele, acabam projetando-o em seus filhos, em maior ou menor escala, ofertando-o como *dote*. O que na aparência é um presente geralmente acaba sendo, para a vida do filho, um verdadeiro fardo: ter de dar conta da realização narcísica dos pais.

Toda criança sonha em ser um herói; mas, muitas vezes, os pais também sonham em ser *pais-de-filhos-heróis*, já que eles mesmos não conseguiram sê-lo. Assim, a primeira grande batalha dos filhos, nesses casos, é conseguir se desvencilhar desse *labirinto emocional* e, a despeito de qualquer outra pressão, ir em busca da sua própria realização. Para isso, é preciso descobri-la e lutar para alcançá-la.

Egeu deu esse tipo de *dote* para o filho, no momento em que deixou seus sapatos (que aqui significam a "possibilidade de caminhar rumo ao pai") e sua espada (símbolo fálico) sob uma enorme pedra. É como se lhe tivesse dito: "Se você quiser o meu amor, a minha companhia e a minha admiração, você só tem uma hipótese na vida: ser herói; ser, *para mim*, um verdadeiro Hércules".

Anos mais tarde, Teseu, aprisionado pela expectativa do pai e inebriado por toda a onipotência própria da idade, resolve enfrentar o Minotauro. Egeu, já mais avançado em idade, mais experiente na vida e mais prudente, tenta detê-lo. Mas já é tarde. O filho vai para o vôo da vida, levando em sua bagagem tudo de bom e de difícil que armazenou no início de sua trajetória, vindo de seus pais e do meio social onde foi criado, mesclado com as características de sua própria personalidade.

Nessa primeira "viagem", Teseu saiu-se, aparentemente, vitorioso; conseguiu derrotar o Minotauro. Arriscou-se, e muito. Salvou a si e aos outros: ato de um verdadeiro herói. Poderia não tê-lo conseguido e ter sido ele também devorado pelo monstro. Conseguiu realizar a expectativa do pai. Mas infelizmente não deu conta de realizar sua própria primeira expectativa pessoal de realização.

Conta o mito que, vitorioso, Teseu levou consigo Ariadne, que passaria a viver com ele em Atenas. Os dois estavam perdidamente apaixonados. Porém, numa parada que fizeram na ilha de Naxos, sem nenhum motivo que justificasse tal conduta, Teseu abandonou Ariadne enquanto ela dormia.

Diz o mito que, como *desculpa*[4] por esse ato, Teseu alegou que a deusa Minerva lhe aparecera num sonho e lhe ordenara que tomasse tal atitude. Na verdade, ele não deu conta de realizar seu primeiro importante desejo da vida adulta. E mais: ao aproximar-se da costa da Ática, Teseu *esqueceu-se* de um código que havia combinado com seu pai. Caso a embarcação voltasse portando os jovens salvos, com Teseu vitorioso, este içaria velas brancas no lugar das negras.

Quando o velho rei avistou de longe a embarcação que chegava com as velas negras, julgou que seu filho havia sido devorado pelo monstro. Desesperado, pôs fim à própria vida, atirando-se ao mar do alto de um penhasco. Até hoje esse mar é conhecido pelo nome de mar Egeu. Como conseqüência, Teseu tornou-se rei de Atenas, passando, dessa forma, a ocupar o lugar do pai. Esse *esquecimento* nos mostra quão a sério Teseu assimilou a expectativa paterna... e quão pesado lhe era esse fardo. Teseu tornou-se de fato o mais poderoso de todos: tornou-se rei – só que *no lugar do pai.*

Às vezes os filhos vão para o vôo da vida mais *libertos* para buscar seus próprios caminhos; às vezes vão mais *presos* pela expectativa narcísica do pai ou da mãe. Há famílias, extremamente patológicas, que sequer permitem que os filhos tomem seu próprio rumo. Existem outras, mais saudáveis, que propiciam melhores bases psicológicas para que eles possam seguir livres e sem culpa pela vida e, portanto, mais seguros.

Como não há duas duplas *pai-filho* iguais, a título de ilustração, vamos refletir um pouco a respeito de outra família, que vivia na mesma época e no mesmo cenário: o labirinto de Creta. Trata-se de Dédalo e seu filho Ícaro. Dédalo, habi-

---

4 Bulfinch, T. *Mitologia Geral: a idade da fábula*, Itatiaia, 1962.

lidoso e criativo arquiteto, construiu o labirinto para o rei Minos. Mas, como posteriormente deixou de contar com a admiração do rei, foi ele mesmo encerrado, junto com seu filho Ícaro, dentro do labirinto.

Como Dédalo sabia ser impossível escapar caminhando a pé pelas circunvoluções do complexo labirinto, sempre muito habilidoso e criativo, planejou uma fuga pelos ares. Começou pacientemente a guardar as penas dos pássaros que sobrevoavam a região, enquanto também aguardava seu filho crescer; e foi, pouco a pouco, construindo dois pares de asas: um para ele, outro para Ícaro. Com galhos, fez a envergadura necessária para um longo vôo e, com cera, pregou, uma a uma, as penas recolhidas ao longo dos anos.

Chegada a hora, chamou seu filho e disse: "Ícaro, meu filho, preste atenção no único conselho que tenho para lhe dar antes de iniciarmos nosso vôo: mantenha-se sempre a uma altura moderada; se você voar muito baixo, as penas irão se encharcar com a umidade dos respingos das ondas do mar, as asas ficarão pesadas, e você cairá; porém, se voar muito alto, o calor do sol derreterá a cera que prende cada uma das penas, elas se soltarão, e você despencará lá do alto, rumo às profundezas do mar. Siga essas orientações, e você ficará seguro. Vamos mais ou menos perto um do outro, e breve estaremos salvos". Dédalo assentou os dois pares de asas nas costas do filho, beijou-o, e seu rosto banhou-se de lágrimas, pois não sabia se essa seria a última vez que abraçava seu filho ou não.

Portando suas asas, pôs-se a caminhar, encorajando o filho a segui-lo. Olhou para trás e viu Ícaro treinando os primeiros movimentos, ainda meio desajeitado. Sobrevoaram Samos e Delos, sobrevoaram mares, rios e campinas, até que, fascinado pela maravilhosa viagem, Ícaro começou a se distanciar do pai. Voando cada vez mais alto, mais alto, em busca de maiores emoções, demorou a perceber que várias de suas penas já haviam caído pelo excesso de calor. Quando finalmente se deu conta de que havia se esquecido do conselho paterno, tentou baixar a altitude do seu vôo, mas já era tarde; a cera havia amolecido, as penas se soltaram todas, e Ícaro, enquanto gritava pelo pai, submergiu nas águas azuis do mar.

Dédalo gritava desesperado: "Ícaro, Ícaro, onde está?", até que, finalmente, ao ver as penas flutuando sobre as águas, compreendeu o sucedido. Amargamente, recolheu o corpo do filho e o enterrou num local que passou a ser chamado pelo nome de Icária, em memória de seu filho. Dédalo chegou a salvo na Sicília; lá construiu um templo a Apolo, onde pendurou suas asas como oferta ao deus.[5]

Como disse no início deste texto, não existem duas duplas iguais, duas famílias iguais. Quando um filho volta para sua família com o vírus da Aids, muitos são os questionamentos que seus pais se fazem a respeito de todo o passado, de como o criaram, de seus próprios limites, dos limites de seus filhos. Ajudar terapeuticamente uma família nesse momento é ajudá-la a se localizar nessas respostas, a não se culpar pelo que não pôde fazer, mas acima de tudo a aceitar seu filho, com as opções que ele próprio fez pela vida afora.

Geralmente é um momento de descobertas e de revelações; mas, acima de tudo, tem de poder ser um momento de reencontro entre o filho e sua família. Tem de poder ser uma fase de aceitação e de compreensão. Não deve se tornar um período de julgamentos nem de acusações. De parte a parte, não deve. O terapeuta que assume o auxílio a uma família que en-

---

5 Bulfinch, T. *Mitologia Geral: a idade da fábula*, Itatiaia, 1962.

frenta essa questão deve ficar atento a como reage o sistema familiar ante o choque causado pelo diagnóstico. Como disse Minuchin, o terapeuta tem de se colocar como meio, através do qual a família permeia sua própria dinâmica.[6]

Mencionei os dois mitos para deixar claro que não há fórmulas para garantir um bom futuro para os filhos. Aos filhos temos de dar asas próprias, para que alcem livres para o vôo da vida; mas temos também de lhes dar raízes, para que o façam com segurança. Tanto o filho de Egeu como o filho de Dédalo poderiam ter voltado para casa, vitoriosos ou não. Felizes ou não. Com o HIV ou não. De qualquer forma, o que importa é ajudar o paciente e sua família a poder desenvolver o necessário processo de "acolhimento". Sentir-se *acolhido* é a necessidade primeira do ser humano. O bebê só sobrevive se é acolhido pelo útero que o contém, nos seus primeiros nove meses de vida.

Quando existe esse processo de aceitação e de compreensão, boa parte dos problemas dinâmicos dessa família já está resolvida. Quando não existe essa aceitação, todos sofrem muito e o soropositivo tende a desenvolver um quadro depressivo, podendo até piorar seu quadro imunológico. Os pais submergem em mecanismos de culpa; como conseqüência, acaba ocorrendo uma quebra no sistema familiar que não ocorreria se pudessem ter abdicado de seu ideal narcísico de onipotência. Se isso acontece, cada um acaba seguindo sozinho pelo seu caminho de elaboração dessa difícil situação da Aids e, dessa forma, a família deixa de existir como sistema de acolhida para essa situação.

No filme *Filadélfia*, de Jonathan Demme, lançado em 1990, vemos uma família extremamente unida em torno do filho

6 Minuchin, S. *Famílias: funcionamento e tratamento*, Artes Médicas, 1990.

homossexual (portador do vírus da Aids) e de seu companheiro, que permanece absolutamente próximo do protagonista até seu último momento de vida. Na época em que foi lançado, o filme foi alvo de muitas críticas por parte de alguns movimentos *gays* norte-americanos, que acusavam o filme de mostrar uma família *utópica*, uma vez que essa não era a realidade de vida da maioria dos *gays* soropositivos da época. Talvez, infelizmente, não seja mesmo, até hoje, a situação da *maioria*. Mas posso dizer que, cada vez mais, observamos um significativo aumento na aceitação familiar e social em torno dos portadores do HIV, o que se deve, obviamente, a uma crescente sensibilização da sociedade em geral.

Parece que, finalmente, começaram a entender que "Aids não é doença só dos outros" e que a qualquer momento pode chegar bem perto de qualquer um de nós, bem como de nossas famílias. Há uma mudança social quanto a essa questão, mas é preciso mudar muito mais. Este é um importante tema para as campanhas de esclarecimento. De qualquer forma, parece que a "terceira epidemia", a da Aids social, conforme definição de Herbert Daniel,[7] começa a dar sinais de melhora.

Vários foram os fatores que contribuíram para essa mudança de realidade: as campanhas pela mídia; os movimentos das diversas *ongs*; filmes de alto nível, como, por exemplo, *Filadélfia*; depoimentos pessoais por meio de literatura e de entrevistas, como o de Valéria Polizzi[8] em seu livro autobiográfico *Depois daquela viagem*; depoimentos de familiares, como o de Lucinha Araújo no livro em que nos conta a vida e a luta de seu filho Cazuza. Esse tipo de abor-

7 Daniel, H.; Parker, R. *Aids: a terceira epidemia*, Iglu, 1991.

8 Polizzi, V. *Depois daquela viagem*, Ática, 1998, 1ª ed.

dagem acaba tornando a Aids mais *nominável*, mais conhecida, menos distante. Tende a contribuir para a diminuição dos tabus, para a criação de entidades de apoio, como creches ou outros locais de acolhida aos portadores, porque mostra ao grande público que a Aids atingiu pessoas queridas, pessoas famosas ou pessoas, simplesmente pessoas, como todos nós. Valéria faz questão de iniciar seu livro dizendo que é uma jovem como qualquer outra de sua época; e encontrou, pelo seu caminho, o HIV.

Há também outras situações que temos observado na prática clínica que nos remetem a outros tipos de dificuldade no assunto "Aids-família". Nem sempre é o filho que aparece com o vírus da Aids. Às vezes é o pai; às vezes é a mãe; ou ambos. E assim surge uma nova e enorme dificuldade: como falar sobre esse delicado assunto com o filho adolescente? Como se apresentar para ele não mais como o "pai-herói", perfeito e idealizado, mas como alguém que também tem seus próprios limites, suas dificuldades e fraquezas? Às vezes, até mesmo evidenciando escolhas sexuais que foram execradas do discurso oficial que os pais apresentaram para os filhos, desde os primeiros anos de sua vida.

É preciso muita humildade para se apresentar perante os filhos como apenas mais um simples membro da sociedade do espetáculo. É preciso muita coragem, talvez até mais do que a do jovem filho, na situação inversa. É preciso contar, acima de tudo, com o amor dos filhos; só este lhes dará força para superar o impacto emocional que será desencadeado ante tal informação. É preciso confiar na formação emocional e afetiva que o próprio pai, ou mãe, deu aos seus filhos no passado; no conceito de *família* que conseguiram passar para eles e, acima de tudo, de *perdão* e de *solidariedade*.

Mas que pai ou mãe pode ter a tranqüilidade de dizer: "Eu, sim, consegui passar tudo isso para eles?". Mesmo porque um pai que pense assim já constrói esse pensamento a partir de um lugar de tanta onipotência que, com certeza, o que conseguiu construir foi um enorme abismo entre as duas gerações. É preciso aceitar que a "vida é uma constante infidelidade a normas; e que disto não escapa nenhum engenho humano".[9]

De qualquer forma, o caminho a ser indicado pelo terapeuta é sempre o mesmo: o da aceitação da realidade, o da aceitação do outro *tal como ele é*, e não como *desejaríamos* que ele fosse.

Não podemos escolher o filho que queremos ter; nem os pais que gostaríamos de ter tido. Mas, com certeza, quando aceitamos os filhos e pais que temos, quando aceitamos a vida que pudemos construir de forma verdadeira e profunda, com certeza podemos desfrutar, da maneira mais intensa possível, dos vínculos de amor que unem as pessoas da nossa família. Uma das importantes metas de um processo terapêutico é ajudar o paciente a fazer as pazes com a própria história: "a capacidade para reconhecer semelhanças ou diferenças em fatos afastados no tempo e no espaço é ensinada e aprendida como qualquer outra".[10] Quem consegue fazer as pazes com a própria história com certeza consegue fazer as pazes com a história de seus pais e familiares; e com o seu próprio contexto de vida. Em situações de grande impacto como essas, é preciso lembrar que, "quaisquer que sejam as bases de nossas convicções amorosas, elas sempre podem ser, a cada novo dia, aperfeiçoadas".[11]

9 Costa, J. F. *Sem fraude nem favor: estudo sobre o amor romântico*, Rocco, 1998.
10 Bulfinch, T. *Mitologia Geral: a idade da fábula*, Itatiaia, 1962.
11 Costa, J. F. *Sem fraude nem favor: estudo sobre o amor romântico*, Rocco, 1998.

CAPÍTULO 3

HOSPITAL: UM NINHO TERAPÊUTICO

De nada adiantaria tentar reconstruir a catedral que desabou no terremoto sobre terreno que apresentasse rachaduras. Preparar o solo é o primeiro passo para essa empreitada. Da mesma forma, um trabalho de reconstrução psíquica e moral pressupõe a preparação de uma sólida base na relação de confiança entre as pessoas envolvidas nessa tarefa.

Confiar é experiência psíquica que começa a se estabelecer desde os primórdios da vida, na relação do bebê com sua mãe. Com ela, o bebê aprende que é possível sobreviver a necessidades e angústias intensas, porque sempre haverá uma possibilidade de superá-las. Com o passar do tempo, essa experiência vai se ampliando para outras pessoas e para o mundo externo propriamente dito. E, dessa forma, o indivíduo vai se desenvolvendo como um ser que confia e que gera confiança. Portanto, para confiar, é preciso poder estabelecer vínculos associativos com experiências afetivas já conhecidas.

Ante uma notícia como a da própria soropositividade para o HIV, o paciente se vê com sua identidade abalada. De membro da *sociedade do espetáculo*, passa, abruptamente, a um amontoado de cacos esparramados; e, assim, ele já não mais sabe quem ele realmente é. De qualquer forma, acredita não ser mais aquele bebê maravilhoso que foi reassegurado por sua mãe no início de sua vida nem aquele elemento destacado da *sociedade do espetáculo*.

Quando a sociedade, co-responsável pela disseminação do vírus da Aids entre seus membros, *vira as costas* para o soropositivo, excluindo-o preconceituosamente, isso é vivenciado pelo paciente, na sua dinâmica inconsciente, como uma enorme traição. Afinal, ele não tinha feito nada mais do que viver dentro das *regras* do *não-dito* dessa mesma sociedade. Essa traumática notícia o desorganiza de forma intensa; se, ainda por cima, o paciente se vê alvo de tão violenta discriminação social, para ele é como se a base de qualquer possibilidade de relação de confiança tivesse sido arruinada. Michel Foucault, citando Achile Tatius, nos diz: "o que surge bruscamente, e ao mesmo tempo sem que se espere, desorganiza o espírito sob a brutalidade do golpe e o submerge".[1]

Em qualquer doença, a relação médico-paciente é o alicerce do vínculo de confiança entre o doente e aqueles que o atendem. Trata-se de fator básico no respeito ao paciente e no progresso do seu tratamento. Especialmente nas doenças que são alvo de preconceito, essa base de confiança se torna fator primordial, uma vez que dificuldades na relação médico-paciente implicam diretamente a menor chance de vitória de qualquer tratamento. Desde os anos 70, M. Balint já dizia que "a droga mais freqüentemente utilizada na clínica geral é o próprio médico".[2] Para um enfoque mais atual – e mais justo – a palavra *médico* deveria ser substituída pela expressão *equipe terapêutica*, ou *equipe de saúde.*

Quando surge uma doença nova, que desencadeia muitas pesquisas que se desenvolvem lado a lado com o surgimento de muitos novos casos, ocorre, com freqüência, tornarem-se

---

1 Foucault, M. *História da sexualidade – vol. 3: O cuidado de si*, Graal, 1985.
2 Balint, M. *O médico, seu paciente, e a doença*, Atheneu, 1975.

os pacientes importantes colaboradores ativos desse processo. Sempre bem informados e conscientes da evolução do *saber* em torno da questão estudada, sua participação ativa costuma se mostrar bastante eficaz.

Luc Montagnier, virologista francês, que em 1983 descobriu o vírus HIV, acredita "ser essencial a estreita associação do doente, do clínico e do pesquisador"[3] para que possa ser construída uma abordagem terapêutica mais ampla e mais eficaz para o paciente. "Eles nos falam de si e nos dão seu sangue; de nossa parte, tentamos lhes explicar o que pesquisamos, nossos projetos, nossas perspectivas. (...) Antes de mais nada trata-se, sem dúvida, da primeira doença a cujo respeito alguns pacientes sabem tanto quanto seus médicos."[4] Ter no paciente um parceiro nessa luta contra a doença é, ainda, extremamente gratificante para ambos os lados.

É preciso levar em conta também que, até dez anos atrás, estar informado sobre os avanços da medicina era privilégio dos médicos. Estes tomavam conhecimento das últimas novidades assinando revistas científicas internacionais. Hoje, em tempos de Internet, todos têm acesso às informações, com igual facilidade e rapidez, por meio de inúmeros *sites*. São outros tempos, outros médicos, outra medicina, outros pacientes. E outras doenças...

De qualquer forma, o lugar em que, por excelência, se desenrola todo esse processo ainda é o hospital. Local de acolhida, de orientação e de tratamento, idealmente concentra as informações mais atualizadas – bem como o saber médico. As des-

---

3 Montagnier, L. *Vírus e homens – Aids: seus mecanismos e tratamentos*, Jorge Zahar, 1995.

4 Ibid.

cobertas etiológicas e farmacológicas se processam nos laboratórios e nas universidades; mas o caminho da esperança para o paciente passa pelos corredores do hospital. É aí que todas as forças se concentram, que médicos de várias especialidades se encontram, trocam informações, avaliam os pacientes.

A equipe terapêutica do hospital, composta por médicos de várias especialidades, enfermeiros, auxiliares e atendentes de enfermagem, fisioterapeutas, laboratoristas, familiares, amigos e voluntários, além de toda a equipe de suporte (pessoal da lavanderia, cozinha, almoxarifado, manutenção, etc.), permite que se garanta ao paciente e a seus familiares, em tempo integral, um ambiente propício para que todos somem forças rumo a uma única meta: o restabelecimento da saúde.

Nos hospitais de todo o mundo, as equipes que cuidam de pacientes com Aids estão cada vez mais atentas à humanização de seus atendimentos. Novas abordagens são sempre tentadas, às vezes em algum momento do dia em que a rotina hospitalar seja menos exigente, como, por exemplo, nos plantões noturnos ou nos finais de semana. Em determinado hospital da França, por exemplo, durante os atendimentos noturnos, "os médicos e enfermeiros deixam de lado seus uniformes e recebem os doentes, de início, todos juntos numa sala comum, como que para mostrar que a luta deveria se organizar de forma concentrada: trata-se de um mal coletivo que requer medidas radicais, globais, antes de se definir a estratégia para cada caso, (...) devido à idéia de que, de noite, as paredes entre os doentes e os médicos podiam cair".[5]

Aqui no Brasil, muitas vezes, a *criatividade* e a *arte do improviso* adquirem importante papel até mesmo na sobrevivência

---

5 Ceccatty, R. *O acompanhamento*, Ed. 34, 1997, 1ª ed.

do brasileiro. Muito aprendemos quando observamos com atenção os movimentos voluntários de ajuda promovidos pelas mais diversas *ongs* que se dedicam à Aids, uma vez que elas próprias, muitas vezes, sobrevivem graças à sua capacidade de improviso.

Não é à toa que todos os pacientes de Aids, sem exceção, mais do que quaisquer outros, verbalizam que esperam encontrar no médico um amigo – e, obviamente, em toda a equipe terapêutica. Saber-se alvo de preconceito tão avassalador e abrangente deixa o paciente *ressabiado* contra tudo e contra todos (até contra si próprio!...). Cabe ao profissional de saúde conquistar a confiança do paciente, demonstrando sua real aceitação, livre de julgamentos em relação àquele a quem ministra seus cuidados. E, quanto a isso, é preciso ser muito honesto. Será muito mais nefasto para o paciente perceber falsas aceitações do que ter de lidar com mais uma rejeição preconceituosa. Afinal de contas, "a percepção que temos do *outro*, do estranho, do diferente não acontece de maneira abstrata, nem desinteressada. Todos nós enxergamos o mundo através das lentes, dos filtros que nos são fornecidos pela nossa cultura com seus valores sociais, religiosos, familiares, etc".[6]

Assimilar o paciente soropositivo sem restrições, integrando-o como co-participante de seu tratamento, é devolver a ele a dignidade perdida pela opressão da cultura. Segundo Catherine MacKinnon, esperamos que "aquela voz que foi silenciada seja capaz de nos falar algo que nunca tinha sido escutado".[7] Afinal de contas, uma "comunidade de comunicação" é uma "comunidade de vida".[8] Nesse sentido, a pro-

6 Queiroz, R. S. *Não vi e não gostei*, Moderna, 1995, 1ª ed.
7 Dussel, E. *Filosofia da libertação*, Paulus, 1995.
8 Ibid.

posta terapêutica é um movimento de *libertação*, que dessa forma viabiliza a *irrupção do outro*. Conforme nos mostrou Lévinas, mesmo dentro de seu silêncio, de seu recolhimento melancólico, o paciente expressa um "grito", protopalavra não articulada, porém passível de ser interpretada por alguém (*terapeuta*) que tenha ouvidos e sensibilidade para ouvi-la.[9]

Transpondo isso para a sociedade (aquela co-responsável pela entrada do vírus no organismo desse indivíduo), apresentar uma resposta responsável ao apelo do outro torna-se uma questão de *consciência ética*. Porém só poderemos responder com responsabilidade quando esse apelo já tiver nos comovido; só assim poderemos ouvi-lo, compreendê-lo e acudi-lo – o que, em última instância, nada mais será do que um ato de justiça.[10] A equipe médico-terapêutica que assume o paciente com carinho, respeito e humanidade contribui de forma significativa para essa reconstrução de seu mundo interno. Contribui também para a reconstrução de sua dignidade civil, por cujo restabelecimento tanto lutaram Betinho,[11] Herbert Daniel[12] e tantos outros.

Às vezes, tenho observado na escuta clínica algo que lamento. O tratamento da Aids propriamente dito transita por um caminho lotado de incertezas, onde muitas das decisões clínicas ainda implicam uma incógnita, até devido à rapidez com que caminham as pesquisas, apontando a cada dia para novas hipóteses que requerem tempo para ter sua eficácia comprovada – ou não. Esses pacientes "com freqüência sabem tanto sobre sua doença quanto o médico e acompanham

9 Ibid.

10 Ibid.

11 Souza, H. *A cura da Aids / The cure of Aids*, Relume-Dumará, 1994.

12 Daniel, H.; Parker, R. *Aids: a terceira epidemia*, Iglu, 1991.

com competência a literatura científica sobre sua infecção. Esse novo tipo de interação é fundamental e irreversível".[13]

Porém, para o tratamento das infecções oportunistas (como uma tuberculose ou uma toxoplasmose), tratamentos estes velhos conhecidos dos médicos, existem padronizações terapêuticas clássicas, de eficácia amplamente conhecida. Aliás, não podemos esquecer que adoecer não é privilégio dos soropositivos; todos adoecemos e, portanto, nem todas as patologias que estes adquirem têm a ver com a Aids.

Tenho observado, principalmente por parte de pacientes que estão sendo atendidos apenas no sistema público de saúde, uma quebra muito séria na relação médico-paciente. Uma coisa é co-participar de determinadas decisões e ir assumindo riscos, junto com o médico, ao decidir se submeter a tratamentos cuja eficácia ainda é em parte desconhecida – ou, ao contrário, assumir riscos ao decidir *não* se submeter a esses avanços, ficando para trás...

Outra coisa é *sentir a necessidade* de (e pretender) discutir, de igual para igual, com o médico cada passo de um tratamento para o qual um (o médico) estudou décadas para aplicar e o outro (o paciente), não. Falo isso com razoável liberdade porque, mesmo sendo médica há mais de vinte anos, reconheço que não tenho a mínima condição de analisar e discutir com um colega, de igual para igual, algum tratamento ao qual eventualmente eu precise me submeter, em qualquer outra especialidade médica que não a minha.

Não há problema no fato de não podermos *decidir* nosso tratamento no mesmo nível do nosso médico; o problema

---

13 Montagnier, L. *Vírus e homens – Aids: seus mecanismos e tratamentos*, Jorge Zahar, 1995.

surge quando o paciente sente essa necessidade porque percebe como muito frágil a relação médico-paciente. No fundo, essa *necessidade* surge para denunciar essa fragilidade, uma vez que expressa a falta de confiança do paciente em relação a seu médico ou ao sistema de saúde como um todo.

Se formos analisar com humildade essa situação, não há nada mais reconfortante para o paciente do que poder se entregar, *de olhos fechados*, aos cuidados daquele que o tomará *em seus braços*. Nessa relação, o paciente experimenta a mesma segurança que sente o bebê tomado nos braços por sua zelosa mãe. Os pacientes que sentem no seu médico esse grau de confiança certamente confirmarão isso.

Em nenhum momento estou dizendo que o paciente não merece receber todos os esclarecimentos possíveis a respeito de seu tratamento e de sua situação clínica. Isso, aliás, é um direito do paciente – e, portanto, obrigação do médico, previsto inclusive pelo código de ética médica. Independentemente de seu nível cultural ou de sua faixa etária, cabe ao médico encontrar as palavras certas para seu esclarecimento. Agora, tomar decisões, avaliar riscos, correlacionar as várias hipóteses diagnósticas, excluir diagnósticos diferenciais e, acima de tudo, assumir as responsabilidades pelas condutas e decisões tomadas cabe *apenas* ao médico. Tratar de um doente é um procedimento com direitos e obrigações diferentes para médicos e pacientes; ou será que algum paciente que reivindique para si direitos em termos de igualdade com seu médico iria se sentir co-responsável ante algum eventual erro na avaliação e na condução de seu tratamento?

No que concerne ao tratamento psicoterapêutico, geralmente essa problemática não se coloca. É definitivamente impossível um paciente se submeter a uma psicoterapia se a relação médico-paciente não estiver calcada em bases bem sólidas de confiança; em outras circunstâncias, o paciente simplesmente não permanece na terapia. *Até dá* para tomar um comprimido receitado por um médico que não conquistou muito nossa simpatia e nossa confiança mais profunda. Mas para um paciente se deitar no divã de um analista e desnudar o mais íntimo de sua vida requer, como condição *sine qua non*, um vínculo estrito de confiança.

Se toda essa dinâmica de inter-relações já é tão delicada *de per si*, muito mais o é para o paciente hospitalizado. Estar num hospital é necessariamente estar com sua privacidade devassada. "Aceitar a hospitalização é expor-se a olhares incontrolados, é submeter-se à linguagem, ao ritmo, às intrusões dos outros: já não se pode mais trancar a porta."[14] Seu corpo, sua história de vida, seus desejos ocultos podem vir a ser expostos a qualquer momento. Tomara que apenas em doses saudáveis e com propósitos louváveis.

No universo da medicina necessariamente aparece em cena a complexa dinâmica da curiosidade. *Curiosidade científica* é a força que impulsiona o mundo da pesquisa rumo ao progresso; é, portanto, qualidade que deve ser estimulada: tem sua raiz no chamado *impulso epistemofílico*, que representa uma tendência natural à busca de conhecimento, própria de todo ser humano. Às vezes, ao lado desta, manifesta-se a prosaica curiosidade humana, que serve para alertar a todos nós nossos limites como seres humanos.

A curiosidade, assim sendo, faz tão parte do dia-a-dia de um hospital quanto o ar que nele circula ou o facho de luz solar que perpassa suas janelas. Luz que se impõe, que clareia dúvidas,

---

14 Ceccatty, R. *O acompanhamento*, Ed. 34, 1997, 1ª ed.

que satisfaz curiosidades, que ilumina caminhos; mas que, às vezes, devassa. "Quem é aquele paciente novo?", perguntam-se profissionais, pacientes e funcionários. "O que se passa com ele?" "Por que chegou aqui?" "Ah, muito prazer, 'seu' Benedito, eu sou a Andrea!" "Qual o melhor tratamento para este caso?" "Doutor, quais são as chances do meu irmão?" Cada qual no seu papel, na sua função, nesse circuito de *co-operação* da dinâmica hospitalar, vai, aos poucos, tornando claro o que era desconhecido. "E aquela porta fechada? Por que nunca se abre? Quem está lá dentro? Por que aquele segredo é tão intransponível?" Eis aqui "a dor dos olhos dos outros", à qual se referiu Rubem Alves.[15] Como bem disse Marilyn Frye, o grande desafio que os soropositivos têm de aceitar é o de conseguirem "ficar fora do âmbito da visão de um olho arrogante",[16] que é o tipo do olhar com o qual toda a sociedade olhou esses pacientes em toda a primeira década de existência da Aids em nosso meio.

Porém é pelo olhar que uma mãe reassegura seu filho quando, de longe, observa-o momentos antes de uma performance esportiva. É pelo olhar que geralmente se manifesta a primeira declaração de amor.

Entrar num hospital é entrar num novo ninho, com referenciais de confiança completamente novos. O hospital, que de início é rejeitado (porque desconhecido), passa com o tempo a ser tolerado (porque necessário) e até desejado (por ter se tornado ninho caloroso, acolhedor e transformador do sofrimento do paciente). Aos poucos, esse *hospital vivo* passa a ser, para o paciente, extensão de sua própria vida; e a equipe terapêutica, extensão de seus amigos e familiares.

---

15 Alves, R. *O retorno e... terno*, Papirus, 1997, 12ª ed.
16 Dussel, E. *Filosofia da libertação*, Paulus, 1995.

CAPÍTULO 4

MULHERES...

A palestra ia começar. Cheguei com poucos minutos de antecedência, o local era distante, uma *ong* situada na periferia. Os responsáveis pela *ong* me aguardavam logo na porta de entrada, evidentemente preocupados com a minha demora, pois havíamos combinado conversar pelo menos meia hora antes para que eu tomasse conhecimento do desenvolvimento dos trabalhos por eles executados. Enquanto caminhávamos, uma das pessoas que me receberam logo me encaminhou para o local da palestra e disse: "Elas já estão lá, esperando". O outro, que o acompanhava, corrigiu: "Elas não, eles. Hoje temos alguns homens...". Quando entrei, vi, representados naquela platéia, os novos rumos dessa epidemia. Na verdade, isso não era novidade. O tema "Aids e mulher" já vem sendo amplamente abordado em congressos médicos há pelo menos três anos. Portanto, esse rápido diálogo apenas ilustrou o óbvio: o HIV está mesmo em todos os segmentos da sociedade e atingiu de forma alarmante as mulheres.

Ao todo, havia mais ou menos umas 60 pessoas: seis ou sete homens – portanto, 90% de mulheres, e várias tiveram de levar seus filhos pequenos, certamente porque não tinham com quem deixá-los. Era criança correndo para um lado e para o outro, nenês no colo mamando na mamadeira, uma vez que nunca puderam ser amamentados no peito. E vi uma platéia atenta, interessada, participante, inclusive muito bem informada sobre medicamentos, tratamentos, sintomas, etc. Eram todos soropositivos (menos as crianças, só uma era soropositiva). A presença das crianças em nada atrapalhava. Pela própria característica socioeconômica do grupo, elas estão acostumadas a participar do cotidiano de suas mães: geralmente não têm direito à necessária privacidade para um desenvolvimento psicológico saudável, uma vez que muitas moram em casas de apenas um cômodo. Havia momentos em que alguma mulher começava a me falar sobre sua história e chorava. Não raro, sua criança nem se abalava. Parecia que ver a mãe chorar devia ser cena comum no seu dia-a-dia. Quase todas eram *viúvas* daqueles de quem contraíram o HIV. Os poucos homens presentes naquele dia, por acaso, não haviam ainda perdido alguém próximo com Aids.

"Aids e mulher" é, sem dúvida, um dos grandes desafios deste início de milênio. Os índices não deixam margem a dúvidas: em 1985, aqui no Brasil, tínhamos 25 homens para uma mulher com Aids. No ano 2000 chegamos a uma proporção de dois homens para uma mulher com Aids. Quando avaliamos esse índice, não podemos nos esquecer de que, entre os homens, ainda contamos com um índice de aproximadamente 15% de homossexuais.[1]

Conforme temos visto, a Aids sempre foi identificada como *doença do outro*. Mesmo depois que o conceito de grupos de risco já havia ido por água abaixo, para as mulheres, especialmente para as casadas, a Aids continuou sendo projetada para o *estrangeiro*, bem lá longe. Só para esclarecer, chamo aqui de *casadas* todas aquelas que têm um parceiro fixo, com quem constituem uma família, que pode ou não

---

1 Segundo dados obtidos no site www.aids.gov.br.

incluir filhos, de ambos ou não. Porque *casamento* pressupõe *fidelidade*. E fidelidade, entre duas pessoas soronegativas, exclui o HIV. Casamento, principalmente entre casais unidos há vários anos, talvez há muitos anos antes da existência do vírus, não tolera sequer o diálogo sobre o HIV, porque falar sobre o HIV necessariamente implica estar falando sobre *infidelidade*. E falar sobre infidelidade no casamento provavelmente implica posições a serem tomadas – ou não tomadas, o que, para a dinâmica do casamento, também tem um importante significado. Mulher traída, talvez constantemente traída, que nada faz, tudo aceita com passividade, já tomou uma posição: que seja a do *cordeirinho*. Seja por medo, seja por suposta conveniência, por *status* social ou por qualquer outro motivo, é posição tomada.

Não tem jeito: traição descoberta dentro do casamento implica *tomadas de posição*. Numa sociedade falocêntrica como a nossa, se a traição veio por parte da mulher, então, não há nem dúvida: posição tomada, por parte do homem, mesmo! Como conseqüência, "o maior uso da camisinha continua percentualmente desprezível, principalmente em relações conjugais ou uniões consensuais pautadas pela fidelidade".[2]

Mas vejam que dificuldade. Estamos falando de HIV, de prevenção de Aids e, quando chegamos ao tema mulher, a questão se torna primordialmente moral e social, como que formando um muro quase intransponível para que a medicina consiga aplicar suas medidas de educação e de prevenção. "Nesse contexto, tratar a Aids apenas enquanto uma

2 Guimarães, C. D. *O comunicante, a comunicada: a transmissão sexual do HIV*, in Paiva, V. (org.), *Em tempos de Aids*, Summus Editorial, 1992.

doença, no sentido estrito do termo, não possibilita mais dar conta da complexidade dos elementos envolvidos."[3]

Certa vez estava participando de uma mesa-redonda multidisciplinar que tratava sobre "Aids na família", na qual estava presente, entre outros profissionais, um cientista social. Ele falava sobre determinada pesquisa a respeito de *fidelidade matrimonial*. Descreveu a população estudada, que contava com grande número de pessoas entrevistadas para maior credibilidade dos resultados. Sua pesquisa apontou o seguinte (falo segundo minha memória, portanto não posso precisar exatamente números, mas o impacto causado é o que me interessa para o momento): algo em torno de 98% dos homens casados há mais de dez anos relatavam episódios de infidelidade, com maior ou menor freqüência. Portanto, segundo sua observação, apenas 2% dos homens casados há mais de dez anos permaneciam absolutamente fiéis a suas esposas. *Dez anos* era, na época, o tempo em que a Aids estava entre nós. A platéia era mista, composta por profissionais e voluntários que trabalhavam diretamente com o assunto "Aids" e como um tema como esse tende a levantar mesmo muita ansiedade, logo o assunto virou "*gozação*" e os homens presentes (provavelmente os casados, e talvez os acompanhados) começaram logo a falar: "Eu estou entre os 2%, eu estou...".

A pesquisa continuava, abordando as esposas ou companheiras dos homens estudados; algo em torno de 60% ou 70% das mulheres achavam que os homens tendem a ser muito infiéis, mas que seus maridos estavam entre as exceções e lhes eram absolutamente fiéis. O uso de preservativos entre os ca-

3 Knauth, D. R. *Subjetividade feminina e soropositividade*, in Parker, R.; Barbosa, R. M., *Sexualidades pelo avesso: direitos, identidades e poder*, Ed. 34, 1999, 1ª ed.

sais estudados chegava a ser quase insignificante. Seu uso era alegado como desnecessário e em alguns casos foi introduzido por indicação do ginecologista, depois de alguma crise de monilíase da mulher, ou por alguma outra *desculpa* semelhante. Triste realidade, uma vez que tanto se tem "enfatizado que, quanto menor a capacidade de negociação da mulher, mais difícil será para ela evitar correr riscos".[4]

Isso mostra quão desprotegidas estão as mulheres, não por uma questão de ordem médica, mas por uma questão cultural. Geralmente as mulheres casadas não se identificam com nenhuma mensagem das apresentadas em campanhas de prevenção. Na época dos *grupos de risco*, obviamente, não se incluíam entre eles. Não acham que desenvolvem algum *comportamento de risco* e não conseguem encarar a relação sexual com seus maridos como uma *situação de risco*. Abordar a mulher é algo tão complexo que mesmo as que já são soropositivas "não conseguem estabelecer uma identidade com as 'caras' e as mensagens que as campanhas de prevenção veiculam, nem mesmo com os próprios grupos de auto-ajuda, pois elas não se vêem com a 'cara' da Aids".[5]

Definitivamente não entendem, como aliás não entende a grande maioria da sociedade, que "situação de risco" é, simplesmente, manter relações sexuais sem prevenção, ou seja, sem camisinha. Porque, verdade seja dita, ninguém sabe, com certeza, o que se passa (ou se passou) com a vida afetiva e sexual de ninguém.

Quando conversamos com mulheres casadas soropositivas e que contraíram o vírus de seus maridos, geralmente o

---

4 Martin, D. et al. *As mulheres e a prevenção da Aids*, in Paiva, V. (org.), *Em tempos de Aids*, Summus Editorial, 1992.

5 Knauth, D. R. *Subjetividade femianina e soropositividade*, in Parker, R.; Barbosa, R. M., *Sexualidades pelo avesso: direitos, identidades e poder*, Ed. 34, 1999, 1ª ed.

que observamos é um papel de excessiva resignação. Até as mulheres contaminadas continuam atribuindo a Aids a um "*outro social*, que atingiria um tipo diverso de pessoas, que não elas".[6] Geralmente tornam-se, por uma questão de defesa do ego, porta-vozes de diferenciações sociais retroativamente discriminatórias e preconceituosas.

Elas necessitam criar, para si próprias, um patamar quase hierárquico que as diferencie dos demais soropositivos. Afinal, elas se encontraram com o HIV no exercício pleno de seu papel de esposas. Dificilmente se integram em grupos de auto-ajuda que tenham como participantes pessoas que elas colocam nos "patamares inferiores" do universo da soropositividade. Não se colocam como *vítimas*, absolutamente, mas é como se precisassem se convencer de que tornar-se soropositiva é risco potencial da mulher casada, pelo menos nos segmentos sociais mais desfavorecidos.

Geralmente só participam de *ongs* novas, que ainda estão se constituindo e que portanto ainda não se transformaram em espaço freqüentado por muitos daqueles *outros sociais*. Precisam se diferenciar até mesmo das moças solteiras, soropositivas, que com freqüência levam um estilo de vida muito semelhante ao que elas próprias levaram quando solteiras. Precisam se agarrar com *unhas e dentes* ao seu *status* de "mãe de família". Dessa forma, ocupam todo o seu tempo nos cuidados de tratamento do marido, ocupam-se dos filhos e pouco param para pensar sobre a Aids que entrou dentro de suas casas.

Em outras palavras, as mulheres casadas constituem grupo de difícil acesso, tanto no momento da prevenção da

---

6 Heilborn, M. L.; Gouveia, P. F. *Marido é tudo igual*, in Parker, R; Barbosa, R. M., *Sexualidades pelo avesso: direitos, identidades e poder*, Ed. 34, 1999, 1ª ed.

contaminação pelo HIV quanto como alvo de cuidados e de abordagens, quando já soropositivas. "Se a sexualidade tem sido, durante tanto tempo, negada à mulher, como pode ela praticar o sexo (*mais*) seguro, se nem ao menos exerceu a liberdade de seu corpo na expressão de sua sexualidade? Este é o mais grave problema."[7]

A Aids atinge a mulher em um de seus pontos mais vulneráveis: a maternidade. Logo no início, a maternidade chegou a ser francamente contra-indicada por muitos médicos, pois quase nada se sabia a respeito da transmissibilidade ao feto, a qual era tomada quase como inevitável. Com o surgimento do AZT, medidas de prevenção obstétrica começaram a ser tomadas e, hoje em dia, com as atuais medicações disponíveis e com o conhecimento de que a obstetrícia já dispõe a respeito do assunto, a gravidez devidamente acompanhada é possibilidade a ser cogitada pela mulher soropositiva. Hoje sabemos até mesmo que um bebê que nasça soropositivo poderá apresentar uma *sororreversão* em torno de 1 ou 2 anos de idade, uma vez que sua soropositividade se devia à sorologia da mãe, e não à sua própria.

Para a mulher soropositiva, a decisão por uma gravidez vem acompanhada de um grande peso: além de todas as questões médicas e psicológicas que acarreta, implica também um problema de ordem social muito grande. A Aids ainda está fortemente associada à idéia de morte. Sempre vai pairar sobre essa mulher uma cobrança social, ou familiar, do

---

7 Aldana, A. *Mulher, sexualidade e sexo seguro*, in Paiva, V. (org.), *Em tempos de Aids*, Summus Editorial, 1992. Acrescentei o termo "mais" na questão de "sexo seguro", que não era termo utilizado na época de publicação do referido texto. Hoje em dia é indispensável ressaltar que usar camisinha torna o sexo "mais" seguro (em inglês, "*the safer sex*"), mas sempre resta alguma possibilidade de risco.

tipo "quem é que vai cuidar dessa criança?", entre outras. De qualquer forma, para a mulher soropositiva, a gravidez adquire o sentido inconsciente de "desafiar a morte e promover a vida",[8] dela e do bebê. Implica uma crença muito forte no futuro, muitas vezes mobiliza um empenho no próprio tratamento que não aparecia antes. De qualquer forma, do ponto de vista médico, é uma decisão que cabe exclusivamente à mulher ou ao casal. Ao médico cabe apenas informar, alertar quanto aos riscos, falar de todos os cuidados que deverão ser adotados durante a gravidez e o parto e do impedimento quanto à amamentação.

Minha experiência terapêutica com pacientes soropositivos acabou indo por um caminho pouco habitual, uma vez que um dos primeiros casos que recebi no meu consultório foi de uma jovem adolescente. Antes dela, havia visto três homens: dois homossexuais e um travesti. Nenhum permaneceu longo tempo em terapia, até porque naqueles tempos rapidamente o quadro clínico se agravava intensamente. Mas aquela jovem, ainda praticamente adolescente, trazia consigo muitos aspectos inusitados no universo da Aids. Sua jovialidade que prometia futuro, sua heterossexualidade que a afastava dos então vigentes grupos de risco, o fato de ter tido apenas um parceiro sexual (seu namorado), o que a afastava da tão decantada "promiscuidade". Isso causava muito espanto, de modo geral, em todos os profissionais de saúde que a abordavam, os quais muitas vezes sentiam até certo constrangimento em como tratar essa situação com ela. Durante muitos anos, ela foi a única mulher soropositiva com quem tive contato. Hoje a realidade é bem outra. Com ela, muito aprende-

---

8 Sanches, R. M. *"Escolhi a vida": desafios da Aids mental*, Olho d'Água, 1997.

mos. Espero, de coração, que ela tenha recebido a justa recompensa, em termos do tratamento e do cuidado recebidos. Tornou-se sempre aquela "paciente-parceira", que conosco tanto colabora, à qual se referiu Luc Montagnier.[9]

Atualmente os tempos são mais promissores para os soropositivos, principalmente graças aos avanços farmacológicos. Hoje podemos conversar com essas mulheres de forma mais otimista, fazendo-as recuperar sua auto-estima e ajudando-as a retomar seu papel social.

Principalmente, devemos estimulá-las a ser, elas próprias, promotoras de uma corrente de prevenção que caminha por caminhos muito distintos, quando propagada por soropositivos ou por profissionais de saúde. E, acima de tudo, encorajá-las a lutar por sua própria proteção. Já dispomos de preservativo feminino. Sempre é importante lembrar que o fato de o preservativo masculino ser adaptado ao corpo do homem não faz dele um objeto exclusivo dos homens. Preservativo, masculino ou feminino, existe para a proteção de todos, indiferentemente.

---

9 Montagnier, L. *Vírus e homens – Aids: seus mecanismos e tratamentos*, Jorge Zahar, 1995.

CAPÍTULO 5

CRIANÇAS...

Nunca poderíamos imaginar. Nos inícios da Aids, naqueles tempos dos grupos de risco, praticamente só os homens eram atingidos e preferencialmente os homossexuais. Nada sabíamos sobre essa epidemia, desconhecíamos seu agente, o HIV, seus hábitos, seus meios de cultura, sua transmissibilidade. As primeiras crianças que surgiram contaminadas inicialmente o foram através de transfusão sangüínea, nessa fase em que os cientistas ainda lutavam em busca dos primeiros conhecimentos.

Em seguida, quando as primeiras mulheres surgiram soropositivas (inicialmente as dos antigos *grupo de risco*, como prostitutas e garotas de programa) e engravidaram, começaram a surgir os primeiros bebês com HIV. Quanto mais a epidemia atingiu as mulheres, mais crianças foram nascendo portadoras do vírus da Aids. Com o tempo, deu-se a esse tipo de contaminação um nome específico: contaminação vertical (*vertical* em termos de geração: de mãe para filho). Essa denominação punha de lado qualquer avaliação a respeito da contaminação e, a meu ver, também tem o grande mérito de não trazer o *ranço* do conceito de "vítimas".

É óbvio que essas crianças são sujeitos passivos da contaminação: não pediram para nascer, muito menos soropositivas. Mas serem tratadas e vistas como *vítimas* em nada as ajuda nem as deixa mais felizes ou mais aliviadas. Portanto, o termo *contaminação vertical* define o quadro e não o estigmatiza pelo olhar social.

No entanto, infelizmente, o olhar social estigmatizante sempre encontra um caminho para se manifestar. Essas crianças começaram a ficar órfãs, de pai e de mãe, que já haviam morrido devido às complicações da Aids, pois falamos dos tempos e m que não dispúnhamos de medicações.

Eram também órfãs, muitas vezes, de todo e qualquer familiar que não as aceitava, talvez por medo de se contaminar, e até mesmo porque se escondiam atrás da certeza de que se tratava de crianças que "não vingariam". Inicialmente, muitas delas foram recolhidas a unidades da Febem; mas logo começaram a surgir casas e pessoas que passaram a se dedicar a seus cuidados, das quais uma das primeiras foi a Casa Vida.[1] Hoje as crianças são muitas e várias são as entidades que as assumem, tentando superar todas as dificuldades financeiras que precisam enfrentar.

Naqueles tempos, até mesmo muitas das pessoas que se dedicavam a cuidar dessas crianças tinham em mente oferecer-lhes a melhor qualidade de vida possível, uma vez que *futuro* era palavra que praticamente não existia em seu vocabulário. Mas *preconceito* era palavra cujo significado logo aprendiam, à medida que iam crescendo.

Era escola que não aceitava sua inscrição, eram famílias que não permitiam que seus filhos, também crianças, participassem com elas das mesmas brincadeiras. Todos temiam que, por exemplo, durante alguma corrida, se machucassem e se contaminassem. Temiam, e temem até hoje. Assim, desde muito cedo essas crianças já precisavam ser protegidas da exclusão social da qual já eram alvo. Se possível, mudavam de endereço, de escola, de vizinhos. Em suas vidas instaurava-se o segredo.

1 Silva, E. L. C. *Casa Vida: espaço de afetividade e ternura*, Paulinas, 1997.

Contudo, os medicamentos foram chegando, essas crianças foram crescendo e hoje o Brasil já conta com um expressivo grupo de adolescentes nascidos soropositivos. Essa foi uma grata surpresa a todos aqueles que se dedicam a essa causa. Hoje temos, também, um significativo número de adolescentes que não nasceram soropositivos, mas que contraíram o HIV através do início precoce da sexualidade. Mas, apesar de apresentarem essas duas coincidências, a adolescência e a soropositividade, esses dois grupos de jovens necessitam de uma abordagem completamente diferente por parte da psicologia.

Os primeiros nasceram sem que se lhes fosse apresentada a hipótese de futuro, simplesmente porque naqueles tempos não se via mesmo futuro para os soropositivos. De modo geral, ninguém se preocupava muito em prepará-los para o exercício de sua sexualidade; nem se pensava nisso. E nem se saberia como fazê-lo. Se já temos tanta dificuldade em preparar nossos filhos para sua sexualidade em condições normais, imagine-se com essas variáveis. Essas crianças foram crescendo e se transformaram em adolescentes nascidos soropositivos, que necessitavam de orientações adequadas à sua realidade. Muitas questões surgiram. Por exemplo: como, quando e com quem falar sobre sua soropositividade? Como se inscreve a soropositividade nos relacionamentos com colegas, amigos e namorados? A questão do "*ficar*" também merece especial atenção... Resumindo, tornou-se prioritário orientá-los em termos de seu comportamento ante a sexualidade. Na verdade, a orientação básica é sempre a mesma, a qual serve para qualquer outro cidadão: quando for o caso de uma relação sexual, camisinha – sempre! Só que, aqui, o motivo, *a priori*, é outro: precisam usar camisinha para não *transmitir* o HIV para outras pessoas, para evitar a troca de carga viral (caso a outra pessoa seja também soropositiva) e ainda para não contraírem outras DSTs (doenças sexualmente transmissíveis).

Os do outro grupo que não nasceram soropositivos foram criados, como todo mundo, com a "certeza" do futuro. Porém não deram conta de cuidar de si próprios de forma a se prevenir quando começaram a *bater asas* rumo à vida. Deram passos mais ousados do que podiam e, como Ícaro, voaram alto demais.

Se voltarmos na vida deles alguns anos para trás, poucos anos, certamente encontraremos a seguinte cena: um casal, um bebê; e muitos sonhos, muitos projetos. Quem não começou assim? Desde criança já vamos crescendo com uma imagem preestabelecida, pré-programada, com a melhor das boas intenções, pelos nossos pais. Como se não bastasse, no decorrer da vida, vamos acrescentando muitas outras exigências a essa imagem: nossas próprias, de nossos mestres, da sociedade em geral.

Geralmente as exigências externas e internas (narcísicas) acabam sendo muito maiores do que nossa capacidade de dar conta delas. A estrutura mental do adolescente ainda é muito frágil e pouco consolidada. Mesmo assim, a adolescência é o período em que o aparelho mental lida com a maior quantidade de sonhos e projetos. Inexperiente, o jovem não sabe avaliar riscos, mesmo porque a onipotência característica dessa fase nem lhe permite considerar a hipótese de *riscos*.

Quando à questão da sexualidade precoce se soma a problemática social, o quadro piora sensivelmente. Certa vez acompanhei em supervisão, durante algum tempo, duas jovens psicólogas que atendiam terapeuticamente dois grupos de crianças soropositivas, divididas em *maiores e menores*. Essa divisão não seguia um critério necessariamente rígido em termos de idade cronológica, mas privilegiava a maturidade das crianças. Esses grupos se reuniam semanalmente, sempre com alguma atividade a ser executada ludicamente: argila, teatro, dobraduras de papel, etc. Durante esse encontro, as psicólogas iam lidando com as dificuldades emocionais dessas crianças, quase todas órfãs. Falavam de temas do cotidiano, reafirmavam os pontos seguros de suas vidas, aproveitavam toda oportunidade que surgisse para lhes dar orientações com respeito à sexualidade e prevenção da Aids; lidavam com seus temores em relação à doença, em relação à morte, falavam também de dificuldades que passavam como conseqüência do preconceito a que estavam expostas.

Uma das crianças, uma menina de 12 anos, era soropositiva havia dois anos. Contraiu o HIV aos 10 anos de idade, sexualmente, como conseqüência da prostituição que praticava, muitas vezes para receber como pagamento o único pastel que comia no dia. Essa menina, quando conversava com as psicólogas, com médicos do posto de saúde ou com qualquer outro adulto que não pertencesse ao seu meio social, sempre negava que estivesse mantendo atividade sexual. Mas na região todos sabiam que, diariamente, ela mantinha encontros sexuais com vários homens. Para algumas amigas da escola, às vezes ela até dizia quem eram os "safados": aqueles que a *usavam* e não pagavam nada pelo *serviço* (*sic*).

Parece evidente que, num quadro como esse, o último apetrecho que deve aparecer em cena é a camisinha. Trata-se do despreparo infantil acrescido da miséria que, equacionados, com freqüência terminam na prostituição infantil. Gilberto Dimenstein cita o caso de uma menina de 9 anos que estava prestes a entrar na prostituição, onde teria negociado aquilo que lhe era apontado como seu bem mais valioso: sua virgindade. Em suas entrevistas, o jornalista perguntou à menina se ela sabia o que era Aids. Ela disse que sabia. "Então o que é?", perguntou. "É uma doença que vem do rio. Pediram pra gente não tomar água por causa da Aids..." "Confundir Aids com cólera é um retrato irretocável do despreparo com que meninas como ela encenam não apenas o sexo, mas a vida, colecionando traumas atrás de traumas, rejeição atrás de rejeição."[2]

Como fica claro, avaliar a questão da Aids infantil ou da adolescência sob o signo da Aids é algo tão complexo quanto avaliar seus problemas sociais. Para o planejamento de campanhas de prevenção que as atinjam, faz-se necessário levar em conta sua realidade socioeconômica. É completamente diferente, por exemplo, planejar uma campanha para prevenção do sarampo ou da paralisia infantil que implique vacinação para todas as crianças de determinada faixa etária. Todas vão ao posto, independentemente da realidade em que vivem, e lá são vacinadas, ficam protegidas, e pronto. Aids é muito mais do que uma *doença médica*. É uma doença da sociedade como um todo, de seus valores, de sua distribuição de renda, portanto socioeconômica, moral (porque denuncia a *pseudomoral* da sociedade) e, acima de tudo, política. Traz à tona a realidade do sistema de saúde, dos bancos de sangue, da distribuição de medicamentos.

Certa vez fui chamada, por um colega infectologista, para acompanhar a informação de um diagnóstico de soropositividade de uma jovem adolescente de 16 anos. Ela se encontrava internada no hospital devido a um quadro de pneumonia e, nesse dia, ela e seus pais receberiam o diagnóstico. Por entender que se trata de um diagnóstico que traz um

2 Dimenstein, G. *Meninas da noite*, Ática, 1993, 8ª ed.

enorme redirecionamento da vida, esse colega solicitou meu acompanhamento do caso. Evidentemente a notícia acarretou um grande choque, uma vez que, mesmo cientes de que o exame havia sido solicitado, as pessoas sempre se agarram à esperança de receber um resultado negativo; principalmente quando a paciente em questão é uma filha, e tão jovem.

Ficamos todos juntos, nesse momento inicial, durante umas duas horas, *lidando* com as conseqüências emocionais do diagnóstico que lhes fora apresentado. Ali havia um casal unido no sofrimento, que tentava amparar a filha. Não manifestaram cobranças nem acusações em relação à filha, mas muitas autocobranças e auto-acusações. A culpa sempre tem seu lugar em cena: "a culpa tem a finalidade de manter a realidade externa e os outros (ou seja, os objetos), na medida em que não correspondem ao estado ideal imaginado, sob o domínio da idealização, (...) a culpa surge quando a dependência fusional da sociedade e dos objetos amados ameaça ser rompida; (...) o surgimento da culpa busca conservar essa dependência e evitar a angústia".[3]

Mas o que mais me impressionou (e me preocupou) foram alguns comentários e auto-indagações da menina. Como seus pais não adotaram uma posição culpabilizante em relação a ela, a jovem até pôde falar de forma bastante franca. Falava de seu cotidiano e de sua *turma*. Chorava, mostrava-se assustada, mas às vezes até retomava contato com a vida e relatava boas experiências.

Mas sempre vinha à tona, como se fosse um *leit-motiv*, a seguinte questão: "De quem será que peguei este vírus?". Apare-

---

3 Körner, K. *A interação do narcisismo e da culpa na terapia psicanalítica*, in *Articulação – Textos de Psicanálise do CEDPSP*, ano XVIII, 1998.

cia também outra pergunta que, para ela e para seus pais, sempre adquiria um tom mais pesado: "Para quem o terei passado?". E por aí parecia que ela se perdia, porque no seu pensamento não cabia a presença do HIV: afinal de contas, segundo suas palavras, ela não era como outras garotas, que "*ficavam*" com qualquer um; ela só "*ficava*" com caras legais, da "*turma*".

Quando comecei a ver com ela quem era a "*turma*", percebemos que era todo o pessoal do condomínio onde morava aqui em São Paulo e do litoral, todo o pessoal do colégio, do clube, da rua e do ambiente de trabalho do pai; como o pai trabalha numa emissora de televisão, por lá também tem muita gente "*boa pra se curtir*".

Ou seja: o universo social de um jovem, tomado como próximo, com freqüência é composto de *várias dezenas* de outros jovens. Por identificação narcísica, todos são considerados bons, plenamente *confiáveis*. "Perigo" não faz parte do dicionário do adolescente, nem HIV entre o pessoal da *turma*. Portanto, prevenção mostra-se algo totalmente desnecessário. Ainda resolvi entender um pouco mais e pedi a ela que me explicasse melhor o que quis dizer com *garotas que ficam com qualquer um*. Ela respondeu o seguinte: "Por exemplo, chegar numa danceteria, *tomar umas, ficar* com um garoto que você nem vai ficar sabendo o nome e depois *esticar* com ele em outro programa. Mesmo que ele diga o nome, não vai fazer muita diferença, porque pode não ser verdade...".

Essa reflexão talvez sirva para deixar clara a complexidade do que seja *prevenção para adolescentes*.

CAPÍTULO 6

PRECONCEITO

Uma coisa é fato: quando analisamos a questão do preconceito, logo vamos saber mais a respeito do preconceituoso do que daquele que é seu alvo.

Paremos um pouco para pensar numa das manifestações preconceituosas mais violentas das últimas décadas: a dos nazistas contra o povo judeu. Imaginemos numa sala, de um lado, um grupo de dez judeus; do outro, um grupo de dez nazistas, preconceituosos contra eles. Como serão os dez judeus? Podemos imaginar? Serão jovens ou velhos? Maioria de homens ou de mulheres? Religiosos ou não? Bons ou maus? Compuseram família ou não? Como criam seus filhos? Rígidos ou pensadores, líderes culturais? Cultos ou incultos? Freud, em cujos livros aprendi as bases para meu trabalho, era judeu; e que grande contribuição deixou para a humanidade! Terão algum fanatismo? Todos ou só alguns deles? De que tipo? Seriam capazes de matar alguém? Matariam muita gente? Convivem com pessoas de outras comunidades ou não? Aceitariam o casamento de um filho com pessoas de outras comunidades? Muitas outras perguntas poderíamos formular, mas com certeza não encontraríamos, com facilidade, muitas respostas do tipo "*padrão*".

Vamos agora pensar no grupo de dez nazistas, preconceituosos contra os judeus. Como serão eles? Bons ou maus? Como criam seus filhos? O que falam para eles? Dão a eles a liberdade de pensar como quiserem, inclusive a respeito de judeus? Aceitariam o casamento de uma filha com um judeu? Têm algum fanatismo? Seriam capazes de matar algum deles? Muitos deles? Sentir-se-iam culpados por um ato desses ou, quem sabe, até orgulhosos por sua atitude?

Podemos perceber que, quando analisamos um grupo de *preconceituosos*, de qualquer tipo, é possível encontrar um maior número de *respostas-padrão*. Os preconceituosos são indivíduos de conduta rígida, onipotentes, agem sem reflexão, acreditam ter as respostas prontas para qualquer questão. Costumam ser muito racionais, formulam verdadeiras *teses* para tentar justificar suas condutas. Não são pessoas que se dispõem a repensar suas posições se expostos a alguma argumentação contrária a seus pensamentos. Geralmente, nem mesmo uma experiência pessoal positiva com um indivíduo do *grupo-alvo* de seu preconceito lhes serve para uma revisão de suas posições. Tendem a interpretá-la apenas como uma *exceção que confirma a regra*. Enfim, o preconceito "diz mais do preconceituoso do que daquele que é alvo do seu preconceito".[1]

Todas as pessoas, desde a mais tenra idade, vão sendo homeopaticamente bombardeadas por informações preconceituosas, que se manifestam das mais variadas formas, principalmente através de piadas. Os *chistes*, como são genericamente chamadas as piadas, gozações, imitações, etc., constituem o meio mais freqüente de passar mensagens preconceituosas. Essas mensagens podem ser transmitidas por meio de manifestações verbais explícitas, por parte dos pais ou de professores, ou até mesmo por meio de condutas de evitação ou de atos de omissão.

Não há quem não tenha algum tipo de preconceito; e, tendo, é quase impossível não passá-lo para os mais jovens ou para os

1 Crochik, J. L. *Preconceito: indivíduo e cultura*, Robe, 1997, 2ª ed.

menos esclarecidos. Muitas mobilizações políticas de massa, como, por exemplo, as que ocorriam na época mais tenebrosa do fascismo, eram viáveis graças a esse tipo de mecanismo. Aderindo ao preconceito proposto pela cultura ou por determinados grupos de liderança, o indivíduo que adere passa a se sentir superior em relação à sua vítima. Essa sensação de superioridade preenche lacunas no psiquismo do indivíduo, geradoras de muita angústia, sem o que ele teria de acabar se vendo de frente com suas próprias fraquezas e limitações. Essa dinâmica toda camufla suas fraquezas, dando ao indivíduo uma sensação de força e sabedoria; e, como conseqüência, ele se distancia daqueles que classifica como fracos e minoritários, que em última instância são espelho de suas próprias fraquezas.

A cultura do espetáculo não oferece lugar fixo a ninguém, e quem sente que necessita estar sempre em pauta acaba tendo de promover mecanismos de adaptação constantes a essa cultura de valores tão efêmeros e instáveis. A identidade do indivíduo acaba se diluindo, ficando *mimetizada* com a da cultura. Esta, por sua vez, é produto das projeções das massas (e de suas formações reativas); dentro de todo esse emaranhado, muito da singularidade individual se perde. Isso tende a gerar a inesgotável fonte de conflitos insuperáveis que permeia os membros de diferentes grupos de determinada sociedade. "Assim, o poder sobre o mais fraco é a busca, por parte do sujeito, de um espaço em uma sociedade que gira em torno do poder, busca esta necessariamente fadada ao fracasso."[2]

Mas por que essa eterna busca do primeiro lugar na sociedade do espetáculo, essa fome incessante do poder?

---

2 Crochik, J. L. *Preconceito: indivíduo e cultura*, Robe, 1997, 2ª ed.

Em última instância, o que o indivíduo busca é a felicidade, a realização pessoal. Esta seria a busca máxima do ser humano. O narcisismo seria a base psíquica dessa busca. E a pulsão de vida seria aquela que "realizaria o trabalho de reunião dos sujeitos na sociedade, constituindo uma ordem política propriamente dita, através da ligação da força pulsional e de sua inscrição no campo das representações"[3] psíquicas.

É assim que se formam os diversos grupos produtivos, que lutam pelo crescimento comum; essa é a força geradora de atos de solidariedade e do desenvolvimento social como um todo.

Os que trabalham juntos nesses movimentos de solidariedade são pessoas que se *escolheram* por meio de seus pontos de identificação, ou porque lutam pelos mesmos ideais, ou porque valorizam as mesmas coisas. Conseqüentemente, elas conseguem, com maior facilidade, promover crescimento para si próprias e para seu grupo de semelhantes.

"Em contrapartida, a pulsão de morte empreenderia um trabalho de ruptura de ligações, (...) exigindo, com isso, novas formas de ligação e de simbolização, a serem realizadas pelo psiquismo. (...) O que se coloca em questão, de forma aguda e crucial, é a maneira de se conceber a idéia de felicidade, e a relação do sujeito com esta, considerada como sendo o valor ético máximo da existência humana."[4] São processos dinâmicos complexos, que oscilam durante toda a existência do indivíduo e que necessariamente acarretam muita angústia.

Enquanto identificado com os poderosos, o sujeito se sente "seguro". Trata-se de uma segurança instável, mas ele não sabe conscientemente disso. Como inconscientemente exis-

---

3 Birman, J. *Estilo e modernidade em psicanálise*, Ed. 34, 1997, 1ª ed.
4 Ibid.

te o registro de toda essa dinâmica, no fundo ele sabe que, a qualquer momento, poderá passar para o grupo dos *excluídos* da sociedade. Mesmo porque cada um de nós não é suficientemente diferente "nem daqueles que excluem, nem daqueles que são suas vítimas".[5] Em última instância, cada elemento da sociedade é criador e vítima dessa sua criação.

Se pensarmos por esse caminho, chegaremos à conclusão de que, sob determinado aspecto, o indivíduo *precisa* do preconceito para sua sobrevivência psíquica; ele *usa* o preconceito como um mecanismo de defesa para seu próprio ego. Essa é uma das razões pelas quais é tarefa antecipadamente fracassada tentar erradicar o preconceito da sociedade. Quando pretendemos atuar em determinada manifestação preconceituosa que está se tornando muito perniciosa para certa minoria, precisamos todos ter esses mecanismos em mente.

A origem do preconceito, provavelmente, é contemporânea com a origem do ser humano. Os textos mais antigos da literatura nos mostram isso. Na Mitologia Grega, os deuses do Olimpo viam os humanos, *reles* mortais, com evidente desdém e se aproveitavam deles para sua própria diversão. Envolver-se amorosamente com um humano não era visto com bons olhos; ajudá-los, pior ainda. Zeus, que já havia consolidado seu poder absoluto sobre todos os outros deuses do Olimpo, pretendia agora destruir a humanidade. Prometheu, por amor às criaturas humanas, tentou salvá-las do desejo destruidor de Zeus e presenteou-as com o "*fogo*" que roubou de Hefesto (deus do fogo). Com essa atitude, ajudou a humanidade primitiva, viabilizando

5 Crochik, J. L. *Preconceito: indivíduo e cultura*, Robe, 1997, 2ª ed.

assim o início da civilização.[6] A posse do fogo, até então privilégio dos deuses, teria diminuído a distância entre as duas castas, a dos deuses e a dos homens; isso fez com que ficassem diminuídas as diferenças entre a classe dominante, dos poderosos, dos detentores do poder e do saber (aqui representado pelo fogo), e a dos *humanos.*

Mas esse mito deve ser analisado com outro enfoque. Prometheu, jovem titã, era filho de Urano, o deus mais antigo da mitologia grega, que foi derrotado por Zeus. Foi assim que Zeus se tornou o novo rei do Olimpo.

Com a filantrópica *desculpa* de salvar a humanidade – ou, quem sabe, empenho sincero e verdadeiro, não sabemos –, Prometheu desafiou o grande Zeus, roubando-lhe o fogo (até então atributo exclusivo dos deuses). Aparentemente, agiu como agem freqüentemente os adolescentes: intrínseca ao seu ato, aparece uma causa solidária pela qual lutar, mas também uma transgressão. Foi um passo ousado, dado por alguém que parece não ter parado para avaliar que conseqüências acarretaria. Paradoxalmente, *Prometheus*, em grego, significa "aquele que pensa antes"...

Como conseqüência dessa atitude, que foi considerada criminosa pelos deuses, passou o resto de sua vida acorrentado a um maciço rochoso, em pleno deserto, local por onde nenhuma criatura humana jamais passaria. Para completar seu sofrimento, diariamente uma águia devoraria seu fígado, que se regeneraria no dia seguinte, e assim prosseguiria seu sofrimento. "Prometheu até relembra as artes por ele inventadas para aliviar as misérias humanas",[7] mas o preço a pagar por aquele ato era irrevogável.

---

6 Kury, M. G. (tradução do grego e apresentação). *Ésquilo: Prometeu acorrentado; Sófocles, Ájax; Eurípedes: Alceste*, Jorge Zahar, 1998, 2ª ed.
7 Ibid.

Se um adolescente ou um adulto dá um passo em termos de sexualidade *sem pensar* e opta por ter relações sexuais em situação de risco, pode se ver acorrentado ao HIV pelo resto de seus dias. E, em alguns casos, pode se ver apartado preconceituosamente da sociedade, que tenta acorrentá-lo em alguma montanha situada em qualquer deserto bem distante de seus olhos, tentando tirar-lhe a oportunidade de emprego ou a vaga na escola.

Especialmente no início dessa epidemia, o que ocorria era mais ou menos assim. Nos EUA, políticos de extrema direita chegaram até a sugerir que se criassem "guetos" para abrigar os homossexuais soropositivos. Ainda bem que, de modo geral, o bom senso da maioria prevaleceu e essa idéia foi amplamente rejeitada. Seus defensores não chegaram a dizer o local para onde planejavam enviar os homossexuais; provavelmente o tal gueto por eles idealizado deveria se situar em algum deserto bem longe dos próprios olhos, para que eles não precisassem ver o que se passava com alguns cidadãos da sociedade que eles mesmos ajudaram a construir.

O preconceito é algo tão inerente ao ser humano que, com tristeza, observamos freqüentemente pessoas que pertencem a minorias já alvos de preconceito agirem também preconceituosamente contra outras minorias. Não raro, por exemplo, vemos portadores heterossexuais do vírus da Aids tomarem atitudes agressivamente preconceituosas contra portadores homossexuais, e vice-versa. A experiência de se ver alvo de tão acentuado preconceito muitas vezes não basta para ajudar aquele indivíduo a repensar sua própria atitude de rejeição a outros. É preciso ajudar as pessoas a perceber que não somos tão diferentes assim uns dos outros como imaginávamos até então. Conforme os estudos de Adorno, "não se pode pensar um indivíduo harmônico, numa sociedade tão desarmônica".[8]

O preconceito, do ponto de vista psicodinâmico, é duplamente derivado de idéias contrárias. Se mudarmos um pouco o ângulo de observação do fenômeno, o preconceituoso *se incomoda tanto* com seu alvo, dedica tanto de sua atenção a ele, gasta tanta energia psíquica para *odiá-lo*, ou desprezá-lo, ou criticá-lo, que podemos muito bem dizer que chega a *reverenciá-lo* com toda essa dedicação de seu precioso tempo. Quando estamos ocupados com "causas maiores", com questões *mais importantes*, não gastamos nosso tempo com as causas "menores"; aliás, geralmente, nem percebemos sua existência. Quando um homem heterossexual fica *irado* só porque viu um grupo de jovens homossexuais passar pela calçada e começa a vociferar que o que eles merecem é uma boa sova – "eles que ousem passar novamente pela frente da minha casa, vão ver só o que vou fazer com eles, etc." –, convenhamos: é porque a situação mexeu muito com esse senhor. Em última instância, a homossexualidade incomoda tanto aqueles que se sentem incomodados com ela porque toca a bissexualidade das pessoas; e isso levanta muita angústia, especialmente nos homens.

Essa é a psicodinâmica básica do preconceito. O "horror" que os indivíduos vivenciam equivale ao temor que eles têm de poder ter alguma semelhança com a situação observada. O preconceito com que pessoas de classe média tratam seus *semelhantes* das classes menos privilegiadas traduz o temor universal de perder seu poder aquisitivo e, dessa forma, seu *status* na sociedade de consumo e na cultura do espetáculo.

---

8 Adorno, T. *Acerca de la relación entre sociologia y psicologia*, in Jensen, H., *Teoria crítica del sujeto*, Buenos Aires, Siglo, 1986.

Os que se sentem seguros de qualquer forma sabem que as bases de sua segurança são frágeis, porque calcadas nos frágeis valores da nossa sociedade. Então, atacam aquilo que temem que possa vir a atingi-los ou que possa lhes guardar alguma semelhança. Quem não tem grandes conflitos inconscientes com sua própria sexualidade não precisaria atacar os homossexuais e poderia até ter bons amigos entre eles.

Em termos de psicoterapia individual, o que fazemos é ajudar o paciente a lidar com seus limites. Em termos sociais, é preciso lidar com o esclarecimento das pessoas e tentar desenvolver, entre elas, os necessários mecanismos de solidariedade. O indivíduo que pratica solidariedade tem a oportunidade de ocupar um lugar mais sólido na sociedade, de exercitar suas qualidades em favor do bem comum e de experimentar a proximidade com novas situações sem precisar lançar mão de tantos mecanismos de defesa.

CAPÍTULO 7

ESTE SERÁ O MEU SEGREDO...

Tudo começa em tom de segredo. Muitas vezes o exame é feito sem que o paciente conte para alguém. O desejo seria até de fazê-lo anonimamente. Se o resultado é negativo, ufa! Fim do segredo... e sobre isso até falaremos mais adiante. De qualquer forma, é como se o paciente afirmasse, por meio do resultado: "Sou confiável, faço parte dos bons!". Agora, quando vem positivo...

Reinstala-se o segredo. Agora, um segredo desesperado. Um turbilhão de idéias, idéias antagônicas, excludentes, do tipo "Não vou contar para ninguém. Este será o meu segredo", ao lado de outras como "Não agüento viver com tudo isto a sós, preciso dividir com alguém, senão enlouqueço, vou arrebentar"...

Esse segredo, portanto, se forma "em torno daquilo que rechaçamos por questões de ordem moral; e aí colocamos tudo o que diz respeito à sexualidade, uma vez que, em todas as sociedades, ela é regida através de interdições: nelas, o desejo e a lei tentam caminhar lado a lado".[1] A essa altura já existe alguém mais que sabe da nova realidade: o médico. E tomara que seja um médico amigo, sensível e que possa seguir acompanhando aquele que não será apenas mais um caso em sua clínica, mas um paciente-parceiro na luta contra essa epidemia.

---

1 Rosolato, G. *Le non-dit*, in "*Du secret*", in *Nouvelle Revue de Psychanalyse*, nº 14, Gallimard, 1976.

De modo geral, até o médico dá a notícia em tom de sussurro. Na clínica particular, normalmente o médico já conhece o resultado do paciente antes da sua consulta, pois o laboratório já se apressou em enviar o resultado pelo fax. O paciente é recebido pelo médico. As pausas e as reticências do médico já dizem tudo. As palavras só confirmam.

Há também o modo de funcionamento típico dos ambulatórios. Geralmente as pessoas são muitas, a espera é grande. O paciente já está acostumado, e faz jus ao nome: é paciente, e aguarda...

Mas, um a um, os pacientes vão sendo chamados. Até os que chegaram depois. A sala vai se esvaziando; ele vai ficando para o fim. Agonia. Será? Não, não deve ser por isso. Pergunta para a atendente. Ela gentilmente pede que aguarde. A essa altura, ele já se transformou num "impaciente". Angustiado. Assustado. Com medo. Reclama. A enfermeira aparece, diz com respeito que ele deve aguardar, que o prontuário já está na mesa do médico, que está tudo bem, "compreenda, é a sobrecarga de trabalho, os pacientes são muitos...".

É lógico que sempre alguém será atendido por último, e nem por isso aos últimos só caberão más notícias. Hoje em dia, com o crescente processo de humanização do atendimento aos pacientes que procuram os serviços especializados de DST/Aids, há uma preocupação do médico em fazer desse momento não apenas a simples e pragmática revelação de um resultado, positivo ou negativo.

Seja um ou outro o resultado, esse é um momento de encontro e proximidade com o paciente, que, se procurou o diagnóstico, é porque sabe que se expôs à possibilidade de ter se contaminado. Mesmo quando negativo, é um momento de conversar francamente, propício para orientações, boa hora para tirar dúvidas. *Brasileiro* cresce com a cobrança social de que tem de saber tudo sobre sexo, especialmente os homens. Desde a adolescência, já não têm muito com quem tirar suas dúvidas, se não quiserem passar por *inexperientes*. Fardo muito pesado... e perigoso. Pois se até os médicos estão sempre aprendendo novidades sobre a sexualidade humana! Aliás, a sexualidade constitui nossa parte mais desconhecida. "Seu resultado deu *negativo...*", diz o médico; mas é preciso se cuidar. Nos mínimos detalhes, e sempre. Camisinha – sempre! Pareceria tão simples...

E quando não é assim? "Deu *positivo...*". Os cuidados são vários. Os laboratórios, antes de assinarem um resultado definitivo, já repetiram a testagem, às vezes até solicitaram ao paciente nova amostra de sangue – solicitação às vezes também rodeada de segredo: "A amostra não foi suficiente...". Às vezes não foi mesmo.

A confidencialidade é o direito primordial do paciente. O segredo médico, obrigação suprema deste. O diagnóstico pertence ao paciente. Quanto a isso, não resta a menor dúvida. O paciente tem de ter seu tempo para pensar, refletir, deglutir a realidade que o atingiu. O segredo, na fase inicial, desde que não paralisante, é condição necessária para que o paciente possa elaborar toda essa nova realidade. Mas o diagnóstico médico, por mais investido de ética que seja, implica muitas sutilezas. "Preservar-se o direito e a possibilidade de criar seus pensamentos, de simplesmente *pensar*, propicia a possibilidade de escolha dos pensamentos que serão comunicados e daqueles que serão guardados em segredo: esta é uma condição vital para o funcionamento do ego."[2]

---

2 Aulagnier, P. *Le droit au secret: condition pour pouvoir penser*, in *Nouvelle Revue de Psychanalyse*, nº 14, Gallimard, 1976.

O paciente, muitas vezes, não pode dar conta sozinho dessa informação que lhe foi apresentada. Nem emocionalmente, nem economicamente, nem na execução prática do tratamento. Eu sempre digo a meus pacientes, desde os primeiros momentos: "*alguém*" tem de saber. Ajudar o paciente a assimilar essa idéia faz com que ele comece a perceber que ser soropositivo não é algo tão irrevelável assim; ajudá-lo a encontrar a pessoa com quem dividir esse primeiro momento, aquele "*alguém*", permite que ele, muitas vezes, reconheça seu melhor amigo, perceba seu parente mais confiável ou pelo menos mais capaz de ajudá-lo nesse momento. Encontrar esse "*alguém*" já começa a retirá-lo do oceano de solidão em que submergiu ao transformar seu diagnóstico no seu mais irrevelável segredo.

Do ponto de vista psicanalítico, já surge aqui importante lida da questão do narcisismo: revelar esse segredo implica assumir seus limites, suas fraquezas. Às vezes traduz uma forma de sexualidade que não era revelada, às vezes uma forma de não cuidar de si que não era assumida, às vezes uma traição a um pacto de fidelidade com alguém... Pacientes menos narcisistas aceitam com maior facilidade esse convite, o de dividir com "*alguém*" essa situação. Porém o paciente precisa ser ajudado a encontrar a forma dele, pessoal, de comunicar isso a esse "*alguém*": cabe a ele "a possibilidade de escolher, e a decisão de colocar em palavras seu pensamento".[3]

Os que de fato o conseguirem certamente serão pacientes que caminharão com maior facilidade toda a trajetória que os aguarda: não vão seguir tão sozinhos, vão se abrir com maior franqueza com seus médicos. Também vão cobrar de seus mé-

---

3 Aulagnier, P. *Le droit au secret: condition pour pouvoir penser*, in *Nouvelle Revue de Psychanalyse*, nº 14, Gallimard, 1976.

dicos maior franqueza, vão enfrentar com *cartas na mesa* cada novo medicamento, cada nova consulta. Superaram o *segredo.*

E superar o segredo não é, absolutamente, gritar aos quatro ventos sua soropositividade. Superar o segredo é apenas não ser escravo dele. É não cuidar mais do segredo do que da própria vida. Por questões de narcisismo, o paciente pode tender a cuidar mais da "imagem perante os outros" do que da própria saúde; e, com isso, paradoxalmente, a auto-imagem desaba. Porque a cada dia começa a aumentar a distância entre o que é dito e o que é vivenciado. A vida se torna um palco de representações; a essência daquela pessoa desaparece, e só resta o ator representando o *script* da sociedade do espetáculo. A solidão prevalece e o paciente como que se enrola todo em torno de si mesmo.

Como já disse, superar o segredo é apenas não ser escravo dele. É poder dividir essa realidade com alguém, quando isso puder resultar em algo de bom para o paciente ou para seu confidente. Quem divide essa revelação alerta os amigos descuidados. Ajuda a diminuir os preconceitos.

Há alguns anos, um paciente meu estava quase resolvido a falar para seus amigos próximos que tinha Aids. Mas não encontrava coragem; ou talvez nem isso, simplesmente não sabia quando nem como. Até que, durante uma viagem, um amigo dele, dentista, disse que se negava a atender homossexuais para se proteger da Aids. Ainda continuou, dizendo que "não queria nem chegar perto desse tipo de gente...". Meu paciente perguntou: "Que tipo de gente: homossexuais ou soropositivos?". Disse o dentista: "Eu me referia aos '*aidéticos*', mas na verdade não quero papo com nenhum deles; '*aidéticos*' e '*viados*', fora!". Essa foi a deixa que fez com que meu paciente se abrisse com os amigos. Ele não é homossexual. Tem Aids. E tem dignidade. Recobrou sua auto-estima. Hoje em dia, sempre que pode, procura ajudar a esclarecer seus amigos.

Tornar pública sua soropositividade é outra questão completamente diferente dessa. É talvez a decisão mais pessoal que um soropositivo tem a tomar. Se já se trata de uma pessoa pública, tem todo o direito de fazer o que achar conveniente com sua vida privada. Geralmente os engajados na luta contra a Aids, os participantes de *ongs*, médicos, voluntários, se frustram muito quando determinado artista, por exemplo, contrai o vírus da Aids e sai da vida pública. Inconformismo geral! "Justo ele, como não usa de sua popularidade para alavancar esta luta?" Frustração compreensível. Mas a decisão pessoal é soberana, e também compreensível. Talvez certo recolhimento, não passar a vida sob holofotes, sem ter direito a um mínimo de privacidade, seja fator indispensável para sua recuperação. Há pessoas anônimas que optam por tornar pública sua situação com o objetivo de mobilizar a sociedade, para que acorde, para que entenda que a Aids está presente em todos os seus segmentos, até entre os mais anônimos, gente como a gente. Sem dúvida, trata-se de uma decisão que resulta em grande ajuda; mas tem de ser uma decisão totalmente pessoal.

Ainda no tema da revelação do segredo, surge aqui uma questão ética, extremamente delicada (alguma questão ética não o é?). Quem se contaminou recebeu o vírus de alguém. Alguém que talvez nem saiba que é portador. É preciso alertá-lo. É digno convidá-lo a fazer seu diagnóstico. Ou talvez soubesse, sei lá. Só saímos ganhando na vida quando agimos com solidariedade. Não é questão de procurar culpados. Penso já ter deixado bem claro que cada um se contamina a si próprio porque não se cuidou. Porém quem sabe que é soropositivo e não usa camisinha descuida dos outros e de si próprio. Expõe-se a outras DSTs e à troca de carga viral. E dissemina o HIV...

Talvez o paciente tenha tido vários parceiros antes de se saber soropositivo. É importante que, se possível, essas pessoas todas sejam alertadas. Alguém para trás tem o vírus. Alguém, ou vários "*alguéns*"... Encontrar o primeiro soropositivo que veio atrás não extingue a utilidade (se não a necessidade) de alertar todos aqueles com quem o paciente teve contato em situações de risco. Todos saem ganhando. O paciente, porque não arrastaria consigo, pela vida afora, a culpa de não ter alertado alguém com quem, no passado, no mínimo, dividiu momentos de prazer, se não de amor. Também contribui para que aquele de quem contraiu o vírus inicie seu tratamento; e, acima de tudo, contribui para o controle da disseminação da epidemia.

Muitas vezes o paciente tem um parceiro fixo, um cônjuge. Não é fácil. Mas é necessário, absolutamente necessário que este (ou esta) com quem o paciente divide a vida, constituiu sua família, cria seus filhos tenha o direito de se diagnosticar e de se tratar. Se é relação estabelecida sobre vínculo de amor, terá chance de sobreviver ao abalo que tal revelação trará, revelação que, talvez, traga consigo uma quebra de compromisso de fidelidade.

A confidencialidade tem também lugar importante no que tange ao ambiente de trabalho. Não me refiro aqui a reservas com os *colegas-amigos* de trabalho. Se são amigos, já abordamos essa questão. Digo ao ambiente "empresa". O temor da demissão dada por *pseudomotivos*, mas que talvez não ocorresse caso a sorologia do trabalhador fosse outra, possibilidade tão real que até virou tema do filme *Filadélfia*. Esse também é um tema muito delicado. A discriminação no trabalho ainda é muito grande.

Muitos empregadores, com vistas míopes, apenas enxergam o trabalhador como meio para o lucro imediato. Dessa forma, temem ter de arcar com um trabalhador que, na sua idéia, pode vir a faltar com maior freqüência, se não porque "ficou doente", pelo menos porque precisou ir, mensalmente, ao posto de saúde buscar sua medicação. Nos EUA, durante os primeiros dez anos de Aids, o poder judiciário americano recebeu mais de 13 mil demandas de trabalhadores que alegavam discriminação associada ao HIV. E é importante lembrar que, nesses anos, as demandas dos soropositivos ainda não eram muito expressivas, pois eles, submetidos ao preconceito que lhes era atribuído, ainda pouco se faziam ouvir. No ano seguinte, as demandas aumentaram em 50% ao ano e, no seguinte, em 87% ao ano.[4]

Não temos dados brasileiros estatísticos publicados quanto a essa questão. Mas, passo a passo, em todo o mundo, inclusive no Brasil, vamos encontrando empresas que adotam atitudes muito mais dignas, humanitárias e de bom senso com seus funcionários. Não devemos nos iludir e tentar tirar da empresa a característica que lhe é básica. "Empresa" tem a ver com empreendimento e, quando nosso debate é sobre *desemprego*, nós desejamos que elas e os empresários existam, sim, e que gerem muitos empregos. Empresa não é assistência pública, não é obra de caridade, não é fonte de solidariedade voluntária. Empresa, produto da sociedade capitalista, é aquela que produz bens de consumo. Gera empregos, mas visa lucro. E isso não tem de ser necessariamente antiético. A falta de ética surge quando toda essa caracte-

---

4 Bayer, R. *Sida. Salud pública y libertades civiles; consenso y conflicto en torno a las medidas sanitarias*, in "*Sida: aproximaciones éticas*", compilado por Mark Platts, México, Fondo de Cultura Mexicana, 1996, 1ª ed.

rística que a define é posta na frente e acima das necessidades básicas do trabalhador. E saúde, bem como acesso a tratamento, é apenas uma delas.

Já não são poucas as empresas que estão desenvolvendo, entre suas paredes, durante a jornada de trabalho, as mais diversas formas de esclarecimento e de desenvolvimento de apoio e solidariedade ao trabalhador soropositivo – e à sua família. Dependendo do ramo de atividade de algumas empresas, um trabalhador requereu anos de investimento (da família, do Estado ou da própria empresa) para chegar ao posto que ocupa e ao ponto de produtividade que desempenha, para a empresa e para a sociedade. É enxergar muito curto achar que simplesmente trocá-lo represente menor risco de prejuízo (além de se tratar de atitude sórdida e desumana). Não há trabalhador melhor do que aquele que "veste, com orgulho, a camisa de sua empresa". E o trabalhador que se sente respeitado e membro considerado no local onde trabalha, sem dúvida, dá o melhor de si no seu trabalho. Há empresas que acabam sendo verdadeiras parceiras de luta pela saúde do seu funcionário soropositivo. Investem nele e em suas famílias, desenvolvendo com ele um vínculo de apoio que muito contribui para o sucesso de seu tratamento.

Para concluir, a confidencialidade é, acima de tudo, um direito do paciente e, portanto, obrigação do médico. É a necessária proteção ao paciente. Mas pode também vir a ser a gênese de sua solidão. Ao paciente, e só a ele, cabe decidir com quem, quando e como compartilhar seu segredo. A ele cabe decidir como se posicionar ante a ética de notificar seus parceiros sexuais, a possibilidade de compartilhar com seus amigos, o privilégio de poder existir por inteiro no seu ambiente de trabalho e a opção de engrossar ou não a corrente que luta pelos direitos dos soropositivos e pelo fim da Aids.

CAPÍTULO 8

AIDS E MÍDIA

A comunicação faz parte das necessidades mais básicas do ser humano; mesmo porque, em determinados momentos, pode até garantir sua sobrevivência. O bebê que chora comunica à sua mãe que está com fome e assim garante sua alimentação.

Inicialmente, o homem primitivo se comunicava apenas à custa de gestos e uivos. Aos poucos, com o objetivo de estabelecer estratégias de caça com seus companheiros, ele foi organizando os sons que emitia, associando-lhes um significado. Isso lhe bastou durante um tempo: sua atividade de caça progrediu. Mas logo o homem primitivo percebeu a necessidade de registrar aquilo que comunicava para que tais idéias não se perdessem.

A transmissão mais duradoura das informações começou com o advento da linguagem, através dos pictogramas, desenvolvidos pelos habitantes da Mesopotâmia há 6 mil anos. Inicialmente podemos reconhecer a existência de aproximadamente 1.500 pictogramas. Esse tipo de comunicação foi útil ao homem durante mil anos. Foi somente após esse longo período que os povos antigos sentiram a necessidade de desenvolver um tipo de escrita mais abrangente e complexa. Surgiu assim a escrita cuneiforme, na qual um mesmo sinal podia ter significados diferentes, dependendo da situação ou do modo como estava agrupado.

Esse novo código de comunicação era tão complexo e difícil que, naqueles tempos, pouquíssimas pessoas sabiam ler ou escrever; mesmo os faraós não dominavam esse conhecimento, necessitando, assim, do serviço dos escribas, que eram pessoas que tinham por profissão ler e escrever para os outros. Portanto, há 5 mil anos, os escribas eram os detentores do saber e responsáveis pela transmissão mais sistemática da informação.

Mais ou menos na mesma época surgia, no Egito, a escrita hieroglífica; e é através dessa linguagem que podemos hoje em dia acessar os mais antigos e importantes registros da humanidade, entre eles os mais antigos conselhos e orientações médicas. Naquele tempo, os egípcios consideravam a escrita uma coisa mágica: acreditavam, por exemplo, que bastava colocar textos sagrados ao lado do corpo dos mortos para garantir-lhes outra vida após a morte. Esses textos eram reunidos no *Livro dos Mortos*, considerado o primeiro livro da humanidade. Assim foi se desenvolvendo o processo da comunicação, passo a passo, século a século.

Para seguirmos esse fio histórico da evolução da comunicação, ainda é importante ressaltar que apenas 2 mil anos depois do advento da linguagem mesopotâmica é que os fenícios desenvolveram o alfabeto. Isso acarretou uma significativa mudança na escrita, uma vez que menos de trinta simples sinais já bastavam para transmitir ou registrar toda e qualquer informação. Muitos séculos ainda foram necessários para que os romanos desenvolvessem o "modo de escrever" fenício e criassem o alfabeto latino.

Igual complexidade observamos no desenvolvimento da superfície sobre a qual eram depositadas todas essas informações. Novamente longos séculos se passaram desde o uso da superfície mais primitiva – a pedra – até o advento do papiro (de origem vegetal), também desenvolvido pelos egípcios, e do pergaminho (feito de pele de ovelha), que acabou sendo o material mais usado na Idade Média para o registro de informações. Assim, mesmo essa superfície sofreu muitas evoluções: o papel propriamente dito foi inventado pelos chineses há 2.100 anos, mas só se tornou conhecido na Europa no século XII; na América, a produção do papel teve seu início no final do século XVII.[1]

As dificuldades não paravam por aí. Inicialmente esses registros eram feitos à mão, o que requeria uma infinidade de tempo. Portanto, para a informação e o saber ficarem mais disponíveis para as pessoas, fez-se necessário o barateamento do custo do papel, até chegarmos à importantíssima invenção da imprensa, por volta do ano 1500, que provocou uma verdadeira revolução em todo esse desenvolvimento.

Essa evolução se processou passo a passo, as descobertas davam conta das necessidades das pessoas por longos períodos de tempo, às vezes até mesmo durante séculos. Já nos últimos quinze ou vinte anos assistimos a uma verdadeira revolução na história da comunicação humana.

A invenção do computador pessoal e, acima de tudo, o surgimento da Internet promoveram uma significativa mudança no modo das pessoas transmitirem as informações. Os caminhos da comunicação são outros e, principalmente, a velocidade com que as informações chegam às pessoas é surpreendente. Hoje é possível recebermos uma informação tão logo ela tenha sido comunicada por alguém, *pela primeira vez*... Os mecanismos de transmissão de notícias ao vivo pela mídia televisiva já viabilizavam um conhecimento de fatos em tempo real, mas isso se restringia ao universo das informações que viravam notícias. Hoje, através da Internet, teoricamente, qualquer informação está disponível *on-line*,

1 Visconti, M. C.; Junqueira, Z. A. *Escrita – das paredes ao computador*, Ática, 1998, 6ª ed

para qualquer cidadão do mundo inteiro, seja ela científica, política, econômica ou outra. É o mais próximo que chegamos da *democratização do saber*. E, obviamente, essa realidade nos traz muitas vantagens, mas também alguns problemas que necessitam ser observados com atenção.

Há uma questão que surge como produto das práticas midiáticas e que clama por uma reflexão mais profunda: é preciso compreender as *intenções* e os *efeitos* das mensagens midiáticas. É preciso atentar, por exemplo, para o grau de liberdade que um cidadão tem de formar sua própria opinião a respeito de determinado assunto, depois de ter tomado conhecimento de certos dados de informação.

Na verdade, essa liberdade acaba sendo muito restrita. Infelizmente, em um país onde existem problemas sociais tão graves como o Brasil, apenas uma pequena porcentagem de pessoas tem a possibilidade de se informar através da leitura. Livros são caros, não estão disponíveis para a grande maioria dos cidadãos; mas, acima de tudo, *leitura* requer um hábito para o qual poucos foram estimulados na época em que freqüentavam os bancos escolares; não o foram, nem nas escolas nem no ambiente familiar (porque seus pais também não receberam esse estímulo e assim por diante). A realidade é a seguinte: em nosso país, muito poucas pessoas lêem, tanto livros como jornais. Infelizmente, se pensarmos em termos de Brasil como um todo, muitas vezes até mesmo professores não têm esse hábito, porque também não tiveram a possibilidade de desenvolver a prática da leitura na época de sua formação escolar e profissional. Se levarmos em conta que leitura só é profícua se for prazerosa, *daí então...*

As dificuldades não param por aí. Para um leitor poder usufruir de um verdadeiro crescimento pessoal decorrente de sua busca de informação, precisa poder refletir a respeito daquilo que leu, e isso requer certa dose de amadurecimento. Se poucos acabam tendo acesso à leitura de forma mais ampla, menos ainda são os que conseguem *ler com liberdade*. "A problemática que desafia o campo da pesquisa estaria na compreensão dos modos através dos quais os processos midiáticos nos dizem ou nos mandam 'ler' alguma coisa no nosso cotidiano."[2]

Apenas para exemplificar, se um leitor toma conhecimento de determinado mecanismo social que está sendo divulgado dia a dia pelos jornais por meio de apenas *um* jornal, necessariamente esse leitor vai estar submetido à linha reflexiva daquele jornal: caso se trate de um jornal conservador, conservadora será a leitura que esse meio de comunicação fará do referido mecanismo social; "cada jornal constrói por meio de suas modalidades discursivas a oferta de sua respectiva *referência*".[3] Seria muita ingenuidade imaginarmos que cada leitor tem, *a priori*, a liberdade de escolher o jornal que lê, a partir de uma identificação com sua linha editorial... Isso vale apenas na teoria; um leitor que dispõe de tal possibilidade de escolha certamente busca a mesma informação em múltiplas fontes para poder garantir, dessa forma, sua possibilidade de estabelecer suas próprias opiniões.

Por um momento, podemos considerar que "as mídias transformam-se em lugares de passagem daquilo que a sociedade produz discursivamente"; porém, se levarmos mais a fundo essa análise, logo perceberemos que elas dispõem

---

2 Fausto Neto, A. *Comunicação & mídia impressa*, Hacker Editores, 1999.
3 Ibid.
4 Ibid.

de considerável autonomia para "construírem, elas mesmas, a própria realidade".[4]

Tudo isso posto, vamos pensar um pouco sobre como cada um de nós tomou conhecimento da existência da Aids, há quase duas décadas. Certamente, a grande maioria das pessoas o fez por meio dos jornais impressos ou falados. Naquele tempo ainda não havia a Internet, pelo menos não ao alcance de todos, viabilizando o acesso das pessoas às publicações científicas. Foi, portanto, pelo noticiário da época que todos foram tomando conhecimento desse tema. E como é que essas notícias eram então divulgadas?

De modo geral, essa nova síndrome foi divulgada envolta num clima de mistério, mas a Aids era desconhecida mesmo... Era abordada num clima de terror; logo foi denominada de *doença mortal*, uma vez que para ela não havia ainda sido descoberta a cura. Porém outras doenças também ainda não têm a *cura* definida pela ciência e nem por isso são alvo de tanto alarido... E especialmente num clima de *julgamento moral*, porque os primeiros casos foram diagnosticados em homossexuais e o homossexualismo não faz parte do que a sociedade descreve como aceito em seu discurso oficial.

Como reagiram as pessoas diante dessa nova informação assim divulgada? Antes de mais nada, com pânico. Todos se lembram de que houve um momento inicial em que as pessoas começaram a evitar as piscinas dos clubes, os serviços de manicure e até mesmo tomar café em um bar com medo de contrair a desconhecida doença.

A reação seguinte foi de rejeição e de preconceito: tendo sido vinculada a um tipo de comportamento não aceito pela sociedade, a Aids logo foi descrita como *doença dos outros*,

outros que precisariam ser rechaçados... Dessa forma, em muito pouco tempo já estavam estabelecidas algumas equações extremamente lesivas tanto para as pessoas que vivem com Aids como para a sociedade em geral e contra as quais até hoje precisamos lutar. Entre outras, "Aids = morte" (que, conforme já vimos, automaticamente empurra os portadores do HIV para a *morte social*) ou "Aids = homossexual = *aqueles outros, estranhos, que precisam ser rechaçados*".

Parte dessas reações ocorreu devido à rapidez com que as informações circulam hoje em dia; e isso é uma observação dos fatos e não uma crítica. A grande velocidade de disponibilização do saber sem dúvida alguma traz muito mais benefícios do que prejuízos para a sociedade; mas, de qualquer forma, faz-se necessário aprender a lidar com essa nova forma de se informar. Há cinqüenta anos ou mais, a população em geral apenas tomava conhecimento de uma nova doença *depois* que os médicos *resolvessem* divulgar o que sabiam. De modo geral, eles guardavam durante muito tempo as informações científicas para testar várias hipóteses, confirmar ou não suas suspeitas e, se possível, poder desde logo apresentar alguma forma de tratamento.

Normalmente essas descobertas tinham ainda de aguardar a época do próximo congresso médico, palco oficial de tais comunicações, para serem divulgadas. Só então essas novidades chegariam ao conhecimento de outros médicos, que iriam finalmente tratar de seus pacientes... Mesmo quando uma doença adquiria caráter epidêmico, longo era o percurso entre o diagnóstico médico e a divulgação da informação.

Hoje em dia as informações são divulgadas o mais rapidamente possível. Assim sendo, temos de aprender a lidar com informações atualizadíssimas, porém incompletas, com idéias ainda em fase de construção. E, em geral, informação em fase de construção é informação não necessariamente correta. Quando alguém toma conhecimento de determinado dado, mas esse conhecimento é incompleto, cheio de lacunas, geralmente sente o ímpeto de *inventar explicações* para preencher esse vazio. Esse mecanismo é típico da natureza humana. Como conseqüência, as pessoas tendem a criar explicações, bem como relações de causa e efeito, da forma que podem. Com relação à Aids, logo surgiram explicações de caráter místico, tais como *castigo de Deus*, além das mais variadas atribuições de responsabilidade: *os culpados disso tudo são aqueles que...*, etc.

As fantasias de caráter persecutório voaram longe. Por vezes chegaram até mesmo a ser publicadas, não como fantasias, mas como hipóteses. Por exemplo, isso ocorreu numa matéria cujo título sugeria que *o vírus da Aids poderia ter sido criado em laboratório* ou mesmo quando se afirmava que *o serviço de inteligência de determinada potência detinha o conhecimento da cura, mas não o divulgava por tais ou quais razões de interesse próprio*, etc.

Por que surgiram tantas fantasias de caráter persecutório? A compreensão psicanalítica nos mostra que isso se deve à existência de mecanismo de culpa inconsciente. No fundo, cada um sabe quanto endossou, que seja passivamente, o *status quo* da sociedade. Por isso mesmo, para não precisarmos atuar com tanta culpa, é que proponho uma *redistribuição de responsabilidades*. Se cada segmento da sociedade compreender e assumir sua parcela de responsabilidade nesse quadro todo, será mais possível podermos encarar essa realidade de forma mais objetiva e, conseqüentemente, desenvolver linhas de ação mais eficazes.

A necessidade de dar um nome àquilo que ainda é desconhecido também é um mecanismo típico do ser humano. Enquanto algo estranho permanece sem nome, fica muito assustador. Já se dizia que havia determinada doença *terrível* que atingia os homossexuais quando sequer os médicos tinham encontrado um nome para ela. Inicialmente, por parte da medicina, a Aids recebeu dois ou três nomes provisórios antes de chegar ao definitivo, que é uma sigla (em inglês, *Acquired Immunodeficiency Syndrome*). Portanto, foi preciso descobrir que se tratava de uma síndrome, que gerava a imunodeficiência e que era adquirida. As pessoas não agüentaram conviver tanto tempo com esse *monstro sem nome* e logo passaram a nomeá-lo do jeito que lhes convinha, lançando mão, por exemplo, do preconceito que lhes permitia responsabilizar *outros* pelo surgimento dessa nova doença. Vem daí os termos "*peste gay*", "*mal do século*", etc.

Todas essas reações aumentavam, no início, em velocidade muito maior do que a oferta de novas e seguras informações. O preconceito crescia em escala geométrica, enquanto as novas descobertas surgiam mais lentamente. Como conseqüência, até hoje se faz necessário esclarecer o que ocorre e o que não ocorre em torno da questão *Aids*. Como se pega e como não se pega; o que a trata e o que não a trata; enfim, o que é *fato* e o que é fruto de fantasia...

O mecanismo de informação encara ainda outra complexa dificuldade. Para divulgar, os meios de comunicação precisam equacionar muitas falas diferentes. Como Aids tem a ver com sexualidade, com transmissão sangüínea (que remete a questões referentes à drogadição e a bancos de sangue), com transmissão vertical (que remete a temas que abrangem a situação da mulher dentro do contexto socioeconômico-cultural), a Aids acabou tendo muitos interlocutores. A bem da verdade, todos os segmentos que abordam temas diretamente relacionados ao ser humano de alguma forma tocam – e são tocados – pela questão *Aids*. Dessa forma, médicos, cientistas, sociólogos, políticos, empresários da indústria farmacêutica, representantes das várias religiões, profissionais da administração pública, membros de *ongs*, de escolas, hospitais, etc., e acima de tudo as pessoas que vivem com Aids, todos apresentam suas falas específicas.

Muitas vezes, essas falas são antagônicas, porque visam metas diferentes e porque partem de pressupostos diversos. Na verdade, essa multiplicidade de leituras não deveria, pelo menos em tese, representar um problema. Ao contrário, várias leituras diferentes deveriam poder propiciar uma reflexão mais profunda e abrangente do tema a respeito do qual se pronunciam. Se surgem problemas quando as várias falas se encontram, isso se deve ao estabelecimento de uma *escuta preconceituosa*, que absolutamente não admite o ponto de vista *diferente* e daí o exclui. Não devemos esperar que a fala médica seja necessariamente convergente com a fala política e esta com a confessional. A fala do soropositivo talvez seja diferente da fala do pesquisador. Aliás, é muito bom que assim o seja.

O ser humano é tão complexo que nunca haverá uma abordagem que dê conta, sozinha, de toda a sua complexidade. O que seria de uma sociedade que não dispusesse de pessoas especializadas em lhe definir leis, valores morais e éticos, normas econômicas ou prioridades políticas? Só que, evidentemente, as falas dessas pessoas são diferentes, às vezes até excludentes.

O esperado seria que todos pudessem *falar suas falas* específicas e o fizessem respeitosamente; que todos pudessem *escutar as diversas falas*, também respeitosamente, mesmo que não as compreendessem ou delas discordassem profundamente. Só assim poderíamos usufruir de todas essas múltiplas leituras, de forma plena.

Porém a tendência a excluir o diferente geralmente prevalece. Conforme já foi dito anteriormente, ninguém escapa de ser preconceituoso com relação a alguma coisa, de uma forma ou de outra. Isso vale até mesmo para aqueles que trabalham com a tentativa de acabar com os preconceitos. Certamente este meu texto contém alguma abordagem preconceituosa, da qual eu mesma posso não ter me dado conta.

Outro dia, eu lia um texto autobiográfico de um jovem que vive com Aids. Ele nos convidava, com ênfase, a uma profunda reflexão sobre a questão do preconceito relacionado à Aids e à homossexualidade, sempre apontando o grande e injusto prejuízo que tais posicionamentos causam às pessoas. Porém, poucas páginas adiante, esse mesmo autor fez uma abordagem muito preconceituosa, até porque generalizadora, com relação a psicoterapeutas e a médicos. Como freqüentemente se observa, mesmo aqueles que sofrem diretamente as conseqüências da ação do preconceito social e que trabalham no sentido de tentar minimizar esse impacto não estão livres de ter seus próprios preconceitos.

A mídia deve transitar por todas essas falas. Para bem exercer sua função, precisa decifrá-las e divulgá-las da forma mais neutra possível. Isso talvez represente uma de suas maiores dificuldades; tão difícil que até utópico, talvez. Para ser neutra em relação às diversas falas, a mídia deve buscar não priorizar nenhuma delas; dar a todas igual oportunidade de expressão, seja com relação ao espaço onde as publica, seja com relação ao destaque que oferece a cada uma, etc. Uma das dificuldades que enfrenta envolve as acirradas disputas narcísicas dos representantes das diversas falas, que desejam ocupar espaço prioritário para, dessa forma, conquistar posição de destaque na sociedade do espetáculo. Conseqüentemente, "a Aids se move em meio ao embate que as instituições realizam para produzir sentidos e/ou pontos de vista"[5] a seu respeito.

5 Fausto Neto, A. *Comunicação & mídia impressa*, Hacker Editores, 1999.

PÓSFACIO

OLHOS QUE BRILHAM

VALÉRIA PIASSA POLIZZI

"Não há perda mais desnorteante do que a do homem que se perdeu a si mesmo." E não há frase que explique melhor o que sentimos, quando nos descobrimos com HIV/Aids.

Foi assim que cheguei, aos 18 anos de idade, em 1989, no consultório da Dra. Sylvia. Eu havia descoberto ser portadora do HIV fazia alguns meses. Estava perdida de mim mesma. Olhava para dentro de mim e via "apenas o vazio, a escuridão e a falta de virtudes". Futuro? Não conseguia enxergar um palmo à frente do nariz. Esperança, força de vontade, cidadania, tudo isso era coisa do passado. As campanhas da época diziam "A Aids mata!". Era a sociedade dando conta de nos matar, antes mesmo de estarmos mortos. E eu me julgava incapaz de sair daquela situação. E, acima de tudo, desacreditava que outra pessoa pudesse me tirar dela. Contudo, continuei indo à Dra. Sylvia.

De certo modo eu havia simpatizado com ela. Sabia me ouvir, quando eu tinha algo a dizer. Respeitava o meu silêncio, quando eu não queria dizer nada. Me estendia a caixa de lenços brancos, caso minhas lágrimas começassem a escorrer. Nas horas que eu passava ali dentro da sala do consultório, me dava toda a atenção. E com o tempo fui até sentindo certo carinho de sua parte. Mas que ela tivesse um jeito de me tirar daquele fundo de poço, impossív el.

As consultas iam passando... os dias... os meses... Às vezes eu olhava para a imensa árvore que ficava bem em frente à janela do consultório e a sentia mais viva do que eu. Ela, ali parada, só respirando, mas pelo menos poderia dar folhas. E eu? Eu estava mais para os objetos. Como um patinho de madeira bem inútil, que ficava calado sobre a escrivaninha, com seu olhar triste, "desdecorando" o ambiente. Pior de tudo foi o dia em que a Dra. Sylvia ganhou de presente dois bonecos de pano, com rosto de louça branca, "o Gordo e o Magro". Eram até bonitinhos, vestidinhos de terninho preto e bem parecidos com os do filme. Eles ficavam atrás de mim, sentados na estante. Quando eu estava na cadeira, não podia vê-los. Mas tinha a nítida impressão de que estavam ali gozando da minha cara e de toda aquela cena: duas pessoas sentadas numa sala, uma querendo ajudar a outra, que não tinha jeito. A árvore tentando ouvir a conversa pela janela, o patinho na escrivaninha se fazendo de surdo, e "o Gordo e o Magro" rachando o bico de tanto rir. Era mesmo hilário, patético.

Certo dia a Dra. Sylvia me contou uma história, ela que não era muito de falar; prestei atenção. Me disse que havia atendido outra adolescente. Tratava-se de uma garota que tinha muitos problemas, não tinha perspectivas na vida, passando os dias trancada no seu quarto, apenas vendo televisão e comendo bombons. A família, preocupada com o quadro, encaminhou-a para fazer terapia. Com o tempo ela, aos poucos, foi retomando a vida, voltou a estudar, a sair com os amigos, emagreceu, passou a cuidar de si; prestou vestibular e entrou na faculdade. Acho que a história era mais ou menos assim, não lembro direito.

Entretanto, o que acabou chamando mais a minha atenção não foi a história em si, e sim o jeito com que a Sylvia a contou. Toda empolgada, feliz e sorrindo, seus olhos chegaram a brilhar. Também pudera, ela havia conseguido ajudar uma pessoa, estava orgulhosa da menina, de si mesma e de sua profissão. E, naquele instante, fiquei pensando se algum dia seria capaz de fazer aqueles olhos brilharem daquele jeito, por mim. Achei que não. Afinal eu tinha Aids, o que de bom uma pessoa com Aids poderia fazer? Nada. Nada que eu soubesse ainda.

Em 93 fiz uma viagem para a Califórnia, nos EUA. Fiquei seis meses estudando inglês numa universidade. Nesse tempo, me comuniquei com a Sylvia por cartas. Lá acabei entrando em contato com grupos de apoio a pessoas que "vivem com HIV/Aids" e vi que a situação no país era bem diferente. Os portadores do HIV lutando pelos seus direitos, porque, sim, ainda estávamos vivos!

Quando voltei ao Brasil, cheia de novas idéias, achando que as coisas aqui também poderiam mudar, infelizmente cheguei doente, com uma infecção oportunista. (Até então eu me recusava a tomar remédio. AZT pra quê, se não curava? Eu não estava interessada em prolongar vida nenhuma.) Tive, então, tuberculose renal. Passei um mês no hospital internada e o resto do ano fazendo tratamento em casa. Só agora, depois daquela viagem, eu me dera conta de que valia a pena se cuidar.

A vontade de fazer algo de bom pela Aids continuava. Só que como, assim tão debilitada? E, foi aí que a Sylvia teve a grande idéia: de que eu escrevesse. Por coincidência, alguns amigos já haviam me dito a mesma coisa. E num belo dia, peguei um caderno e um lápis e comecei. Quando mostrei as primeiras páginas a ela, lembro que me disse: "Você tem um dom, Valéria. O dom de se comunicar bem através da palavra escrita". Puxa, eu tinha alguma coisa de bom, eu tinha um "dom"! E, a partir de então, aquela palavra de três letrinhas, tão pequenina, mas ao mesmo tempo tão forte, começou a mudar minha vida.

Passei três anos escrevendo e mostrando meus manuscritos a ela, que acreditou sempre que meu livro ficaria pronto e seria publicado. E não é que foi mesmo? Com direito a lançamento e tudo. Uma festa linda, grande, com várias pessoas da minha família, muitos, muitos amigos e, em especial, é claro, a "minha querida Sylvia". E eu, quem diria, tinha feito os olhos dela brilharem. E também os olhos de muitas outras pessoas.

"Depois daquela viagem", o meu livro acabou se tornando um grande sucesso. E, quando falo de sucesso, estou me referindo à ajuda que acredito que ele veio prestar à informação geral sobre Aids no nosso país. Principalmente porque tem sido muito adotado em escolas, abrindo espaço para palestras e discussões sobre a doença, o preconceito, a convivência com HIV/Aids e prevenção.

Agora, vejam vocês, como esta vida dá voltas. Depois do sucesso todo da Sylvia para comigo, comecei a sugerir que ela entrasse de cabeça na questão da Aids. Atendesse mais soropositivos, participasse de seminários e congressos voltados para o tema e, por que não, também escrever um livro.

E hoje sou eu quem está aqui, de olhos a brilhar, dedicando estas palavras a este livro, com aquele "dom" que um dia ela mesma me ajudou a descobrir. Hoje sou eu que acredito que este livro certamente ajudará muitas outras pessoas.

A vida continua. Vira e mexe estou lá, em seu novo consultório. "O Gordo e o Magro" sumiram, o patinho feio ficou do lado de fora. O que mais me chama a atenção naquela sala, agora, é um quadro na parede, entre nossas cadeiras, com a pintura de uma mão estendida à outra. E duas pessoas, de corpo e alma, que quando se olham têm olhos que brilham.

REFERÊNCIAS BIBLIOGRÁFICAS

Adorno, T. *Acerca de la relación entre sociologia y psicologia*, in Jensen, H., *Teoria crítica del sujeto*, Buenos Aires, Siglo, 1986.

Aldana, A. *Mulher, sexualidade e sexo seguro*, in Paiva, V. (org.), *Em tempos de Aids*, Summus Editorial, 1992.

Alves, R. *O retorno e... terno*, Papirus, 1997, 12ª ed.

Araújo, L. *Cazuza – Só as mães são felizes*, Globo, 1997, 3ª ed.

Aulagnier, P. *Le droit au secret: condition pour pouvoir penser*, in *Nouvelle Revue de Psychanalyse*, nº 14, Gallimard, 1976.

Balint, M. *O médico, seu paciente e a doença*, Atheneu, 1975.

Bayer, R. *Sida. Salud pública y libertades civiles; consenso y conflicto en torno a las medidas sanitarias*, in *Sida: aproximaciones éticas*, compilado por Mark Platts, México, Fondo de Cultura Mexicana, 1996, 1ª ed.

Birman, J. *Estilo e modernidade em psicanálise*, Ed. 34, 1997, 1ª ed.

Bulfinch, T. *Mitologia Geral: a idade da fábula*, Itatiaia, 1962.

Ceccatty, R. *O acompanhamento*, Ed. 34,1997, 1ª ed.

Compte-Sponville, A. *Pequeno tratado das grandes virtudes*, Martins Fontes, 1996.

Costa, J. F. *Sem fraude nem favor: estudo sobre o amor romântico*, Rocco, 1998.

Crochik, J. L. *Preconceito: indivíduo e cultura*, Robe, 1997, 2ª ed.

Daniel, H.; Parker, R. *Aids: a terceira epidemia*, Iglu, 1991.

Débord, G. *A sociedade do espetáculo*, Contraponto, 1997.

Dimenstein, G. *Meninas da noite*, Ática, 1993, 8ª ed.

Dussel, E. *Filosofia da libertação*, Paulus, 1995.

Fausto Neto, A. *Comunicação & mídia impressa*, Hacker Editores, 1999.

Foucault, M. *História da sexualidade – vol. 3: O cuidado de si*, Graal, 1985.

Guimarães, C. D. *O comunicante, a comunicada: a transmissão sexual do HIV*, in : *Em tempos de Aids*, compilado por V. Paiva, Summus Editorial, 1992.

Heilborn, M. L.; Gouveia, P. F. *Marido é tudo igual*, in Parker, R; Barbosa, R. M., *Sexualidades pelo avesso: direitos, identidades e poder*, Ed. 34, 1999, 1ª ed.

Knauth, D. R. *Subjetividade feminina e soropositividade*, in Parker, R.; Barbosa, R. M., *Sexualidades pelo avesso: direitos, identidades e poder*, Ed. 34, 1999, 1ª ed.

Körner, K. *A interação do narcisismo e da culpa na terapia psicanalítica*, in *Articulação – Textos de Psicanálise do CEDPSP*, ano XVIII, 1998.

Kury, M. G. (tradução do grego e apresentação). *Ésquilo: Prometeu acorrentado; Sófocles, Ájax; Eurípedes: Alceste*, Jorge Zahar, 1998, 2ª ed.

Martin, D. et al. *As mulheres e a prevenção da Aids*, in Paiva, V. (org.), *Em tempos de Aids*, Summus Editorial, 1992.

Minuchin, S. *Famílias: funcionamento e tratamento*, Artes Médicas, 1990.

Moncrieff, A. R. H. *Mitologia Clássica: guia ilustrado*, Estampa, 1997, 2ª ed.

Montagnier, L. *Vírus e homens – Aids: seus mecanismos e tratamentos*, Jorge Zahar, 1995.

Parker, R. *A construção da solidariedade: Aids, sexualidade e política no Brasil*, Relume-Dumará/ABIA/IMS, 1994.

Polizzi, V. *Depois daquela viagem*, Ática, 1998, 1ª ed.

Prado, A. *Cacos para um vitral*, Siciliano, 1991, 4ª ed.

Queiroz, R. S. *Não vi e não gostei*, Moderna, 1995,1ª ed.

Rosolato, G. *Le non-dit*, in *Du secret*, in *Nouvelle Revue de Psychanalyse*, nº 14, Gallimard, Paris, 1976.

Sanches, R. M. *"Escolhi a vida": desafios da Aids mental*, Olho d'Água, 1997.

Silva, E. L. C. *Casa Vida: espaço de afetividade e ternura*, Paulinas, 1997.

Sófocles. *A trilogia tebana. Édipo Rei, Édipo em Colono e Antígona*, Jorge Zahar, 1990, 2ª ed.

Souza, H. *A cura da Aids / The cure of Aids*, Relume-Dumará, 1994.

Visconti, M. C.; Junqueira, Z. A. *Escrita – das paredes ao computador*, Ática, 1998, 6ª ed.

Esta obra foi composta por Telma Maria dos Santos
em Minion, impressa pela Lis Gráfica e Editora Ltda. em offset,
sobre papel Chamois Bulk, 80 g/m^2, capa em papel Cartão Royal, 250 g/m^2
da RIPASA S/A Celulose e Papel/RILISA, para a
Sá Editora em Março de 2001